混合信号

Mixed Signals

How Incentives Really Work

[美] 尤里·格尼茨 • 著
(Uri Gneezy)

江生 于华 • 译

图书在版编目（CIP）数据

混合信号/（美）尤里·格尼茨著；江生，于华译. -- 北京：中信出版社，2023.11
书名原文：MIXED SIGNALS: How Incentives Really Work
ISBN 978-7-5217-5631-9

Ⅰ.①混… Ⅱ.①尤… ②江… ③于… Ⅲ.①激励－影响－行为经济学－研究 Ⅳ.① F069.9

中国国家版本馆 CIP 数据核字 (2023) 第 157269 号

MIXED SIGNALS: How Incentives Really Work
by Uri Gneezy
Copyright © 2023 by Uri Gneezy.
Simplified Chinese translation copyright©2023
by CITIC Press Corporation
Published by arrangement with author c/o Levine Greenberg Rostan Literary Agency
through Bardon-Chinese Media Agency
All rights reserved.
本书仅限中国大陆地区发行销售

混合信号
著者：　[美]尤里·格尼茨
译者：　江　生　于　华
出版发行：中信出版集团股份有限公司
（北京市朝阳区东三环北路 27 号嘉铭中心　邮编　100020）
承印者：　三河市中晟雅豪印务有限公司

开本：787mm×1092mm　1/16　印张：20.5　字数：175 千字
版次：2023 年 11 月第 1 版　印次：2023 年 11 月第 1 次印刷
京权图字：01-2023-4524　书号：ISBN 978-7-5217-5631-9
定价：79.00 元

版权所有·侵权必究
如有印刷、装订问题，本公司负责调换。
服务热线：400-600-8099
投稿邮箱：author@citicpub.com

献给我亲爱的姐妹奥里特和阿尔萨

目录

引言：照我说的做，别学我的样儿　　v

第一部分　▲　信号如何赢得市场

第一章　可靠的信号　　3
第二章　丰田如何赢得混合动力汽车市场　　11
第三章　这就是我：自我信号的价值　　18

第二部分　●　避免混合信号

第四章　多即少：以质量为代价激励数量　　33
第五章　鼓励创新，却惩罚失败　　51
第六章　鼓励长期目标，却奖励短期成果　　61
第七章　鼓励团队合作，却激励个人成功　　70

第三部分　⬢　激励如何塑造故事

第八章　风险与错误　　85
第九章　心理账户：选择激励的货币　　99
第十章　利用后悔实施激励　　110
第十一章　亲社会激励　　117
第十二章　作为信号的奖励　　121

第四部分　利用激励识别问题

第十三章　美国学生的成绩真有那么差吗？　135
第十四章　间接费用厌恶：非营利组织的坏名声从何而来？　143
第十五章　"有偿离职"策略：用钱让员工表态　152
第十六章　自我欺骗：欺骗与自我信号　158

第五部分　激励如何改变行为

第十七章　培养习惯：积跬步以至千里　171
第十八章　戒除恶习：甩掉不良行为　183
第十九章　我现在就要！　195
第二十章　消除障碍　200

第六部分　帮助改善社群文化

第二十一章　从猎狮人到狮子拯救者：改写故事　213
第二十二章　保险欺诈与道德风险：马赛版　221
第二十三章　改写勇士的故事　227
第二十四章　改变女性割礼背后的经济学　233

第七部分　协商信号：将激励运用到谈判中

第二十五章　锚定与调整不足	249
第二十六章　对比效应	253
第二十七章　价格传递质量信号	259
第二十八章　互惠原则	263

结论　从混合信号到清晰信号	269
致谢	281
注释	283

引言

照我说的做，别学我的样儿

PREFACE

当我的儿子罗恩到了能与我们顺畅交流的年龄时，我真是满心欢喜。那个阶段，他也像别的孩子一样，开始说谎。我们告诉他，好人不该说谎，诚实是好人和坏人的区别。很快，这堂道德课让我惹火上身。

起初，一切还算顺利。直到7月一个晴朗的日子，我带他去了迪士尼乐园。我们排队买票。牌子上写着："3岁以下：免费。3岁及以上：117美元。"轮到我们付款时，笑容可掬的售票员问我罗恩多大了，我说："差不多3岁。"严格地说，我并没有说谎，他是差不多3岁，但我回答的角度是错的，几个月前，他刚过了3岁生日。我为自己买了票，售票员一直面带微笑。我们进了迪士尼乐园，玩得很开心。

图A-1是售票处发生的一幕以及半小时后的情景。

罗恩说："爸爸，我搞不明白。你告诉我，坏人才说谎，但你刚刚说了谎！"我想让罗恩"照我说的做，别学我的样儿",但这种教育方法并不奏效。

图 A-1　照我说的做,别学我的样儿……

先别急着评判我的道德标准。事实证明,"四舍五入"孩子年龄的可不止我一人。Vacationkids.com 上有篇文章,题为《为获得家庭度假优惠,你会谎报孩子年龄吗?》。文章称,该问题在谷歌上的搜索量超过 20 亿次(没错,是 20 亿次)![1] 从谷歌的统计来看,我可不是唯一的说谎者。

罗恩从我这里获得了两个相互矛盾的信号:我的所言和(为了逃掉 117 美元门票)我的所行。矛盾信号可以理解为,你说的是一套,但在激励面前做的却是另一套。简言之,本书的主题是如何避免这种混合信号。

罗恩认为我在意哪个?他接收到的信息是什么?图 A-2 是我们抵达下一处游乐设施时发生的事。

图 A-2　罗恩的结论是：学我的样儿，不照我说的做

关键是要明白：激励会传递信号。你的所言和激励信号之间经常存在冲突。你可以对所有人宣称，你注重诚实的品质，但光说没用。为了言而有信，你需要采取代价高昂的行动去支持它，比如支付全额票价。如果你说的话与提供的激励措施一致，信号就是可信的、易于理解的。

理解了信号，就知道如何让激励更有效。例如，迪士尼乐园可以采取什么措施来减少谎报年龄的人数？一个简单的做法是让游客携带出生证明等文件，以证明孩子的年龄。这可能不是个好主意，因为人们去迪士尼乐园是为了融入幸福的大家庭，而不是为了接受监督检查。要求提供文件可能会减少说谎人数，但也会制造很多麻烦，引发不少负面情绪。

花一分钟思考一下解决方案。

我们有一个基于信号的解决方案：迪士尼可以要求你买

票时孩子必须在场。这会让你像我一样面对混合信号的两难选择：是当着孩子的面说谎，还是付117美元？迪士尼甚至可以让孩子自报年龄，比如问孩子"你过了3岁生日吗"。你可以教孩子对售票员说谎，但伙计，这可是一个强大且代价高昂的信号，这表明说谎是可接受的。

工作中的混合信号

许多激励传递出令人困惑的混合信号，产生了与预期不符的结果。继续读下去，你将了解到，在设计激励措施时，即使是大公司也经常犯这类错误。

设想一下，一位首席执行官告诉员工，团队合作至关重要，但她为成功而设计的激励措施却基于个人的工作。结果显而易见：员工会忽略首席执行官的话，努力实现个人成功和金钱收益的最大化，因为他们从激励中读到了这一信号。你可能会得出结论：为避免混合信号，首席执行官不该使用任何激励措施。本书考察了正面和反面两种观点，探讨了形成最佳激励机制的中间地带，它可以让激励与想要传递的信息保持一致，避免混合信号的产生。

混合信号的例子包括：

- 鼓励团队合作，却激励个人成功
- 鼓励长期目标，却奖励短期成果

- 鼓励创新和冒险，却惩罚失败
- 强调质量的重要性，却按数量计酬

我的目标是向你展示如何明智地激励员工——如何避免混合信号，设计出简单、有效且合乎道德的激励措施。

掌控故事

从左到右观看图 A-3。你看到了什么？[2]

图 A-3　你的故事是什么？

我在演讲时向听众提出这个问题，我听到了一些富有创意且颇为有趣的回答。有些答案中规中矩，比如"左上角出现一个圆，它向中心移动，星星移出了框架"。有些答案则别出心裁："这是庸人击败天才的过程"；"成为月亮，而不是星星"；"唯有强者才能生存"；"球令人生厌"。

观众为抽象的形状注入意义，使其合乎情理。他们的回答让我兴致盎然，接下来我请他们猜猜后续情节。人们填补空白的能力再次得到验证："别担心，星星会杀回来，占领中心位置"；"学会在不公平的世界中生活"；"圆受到了惩罚"。

这些反馈背后的心理学很有趣。我们的大脑倾向于用看到的事物创造故事，填补图片中的空白；大脑不是对简单的物体图片做出反应，而是创造某种叙事，甚至创造出公平和惩罚这类道德价值观。故事赋予具有重大影响的复杂事件以意义，帮助我们理解自身的经历。它的用途很广：它帮助我们记忆和评估事件，并理解世界。

掌握塑造故事的能力很重要，如果设计得当，激励措施就可以拥有这种能力。以可口可乐首席执行官道格拉斯·依维斯特为例，1999年，他接受巴西某报社的采访，探讨了一种激励方案。其想法涉及自动售货机自动测温的新技术，依维斯特若有所思地说，我们可以利用这项技术，让自动售货机为商品定价。当天气炎热时，人们更想购买可口可乐，他认为气温升高时应提高可口可乐的价格。

这是基本的经济学原理：价格随需求的增长而上涨。可口可乐平时卖1美元，在炎热的日子里，自动售货机会对气温做出反应，将价格提高到1.5美元，如图A-4所示。动态定价在航空公司、酒店等很多行业中并不罕见。

然而，温控定价的消息一传出，顾客不高兴了。媒体推波助澜，称依维斯特的定价计划是"利用忠实客户需求的冷血策略"。[3]

可口可乐没能塑造出一个好故事。依维斯特的错误是，给故事留下了太多可供自由解读的空间。他不应只讨论想法的技术层面，还应巧妙地设计故事。图A-5展示了一个更好的思路。

图 A-4　平时卖 1 美元，热天涨到 1.5 美元

图 A-5　平时卖 1.5 美元，冷天降到 1 美元

它描述了完全相同的事实，但讲述了截然不同的故事。

很难想象，在冷天以打折的形式奖励顾客会遭到抵制。

可口可乐的错误不仅表明掌控故事的重要性，也让我们看到激励及其信号是如何掌控故事的。我们将详细探讨激励如何塑造对你有利的故事。

激励的塑造

不仅仅是人类，所有动物都会对激励做出反应。思考一下正在猎杀斑马的坦桑尼亚狮子。为了突袭成功，它需要处于下风口。如果从错误的方向靠近，所有斑马都会逃脱，狮子及其幼崽就得挨饿。在捕捉斑马时，狮子也需加倍小心，斑马后踢腿的力度很大，狮子可能会受伤，甚至一命呜呼。这种处心积虑的狩猎方式很容易用激励来解释：狮子要填饱肚子，喂养幼崽，避免在狩猎中受伤。这不仅关乎食物，还关乎狮子的社会等级及其在狮群中的统治地位。例如，第一个冲上去的狮子处境会更危险，但勇猛可能会在日后为其赢得社会地位。

人类和狮子都会对激励做出反应，但在激励塑造方面却有着天壤之别——人类之外的动物不会为其他动物设计激励措施。很难想象，坦桑尼亚的狮子会为远在肯尼亚的狮子设计奖励计划。而人类总在构建激励机制，我们的生活是由他人设计的激励机制塑造的。

如果你认为设计激励措施无关紧要，那就再认真想想。20世纪，出现了有史以来关于激励的最大的经济实验：计划经济。经济因素是计划经济的核心，计划经济决定了财富的创造和分配方式。个体创造财富，政府拥有并分配所有财富。在这种经济结构中，人们更加努力地工作和生产，并非为了个人和家庭利益，而是为了整个社会。事实证明，这种激励结构无法有效推动世界进步。

一个著名的例子证明了这种结构性失败：20世纪80年代末，苏联解体前不久，莫斯科的一名官员前往伦敦了解面包的分配情况。他问经济学家保罗·西布莱特："谁负责伦敦的面包分配？"西布莱特回答："没人负责。"[4] 伦敦的面包分配需要耗费很多精力，但并不是由某个核心人物或组织精心策划的。相反，分配由个体的激励因素推动。英国面包师早起赶到面包店尽心尽力地工作，因为他们需要挣钱支付房租、养家糊口。麦农、送面包的司机以及卖面包的店主也是如此。这种团队合作能有效发挥作用，是因为市场价格让供应链中的每个人都充满动力。莫斯科的面包供应问题并非负责人失职，根源在于系统性激励的失败。

金钱并非唯一选择

货币的诞生让市场运作有了一个重要工具。(想象一下，你必须用一只鸡来换这本书，那得多麻烦！）金钱使生活更便捷。但本书与金钱无关，本书探讨的是重要信号之间的相互作用。

为增进理解，我们后退一步，思考两种不同的激励方法。一种方法只看重直接经济效应，它让激励行为更具吸引力：你付的钱越多，我就越有可能做这件事。另一种方法看重更复杂的间接效应，它分为两部分：社会信号和自我信号。

社会信号是指我们在意自己在他人眼中的形象。我们希望他人以某种方式看待我们，要么是为了保持形象，要么是因为展现的形象真实反映了我们的核心价值观和信念。

自我信号的概念类似于社会信号，但有一个根本区别：它指我们在意从自身行为中做出的自我推断。我们想保持某种自我形象，比如友善、聪慧和公平。每当按照自我身份行事时，我们就会有更积极的自我评价。[5]

在两种信号中添加激励会发生什么？我们将其应用于实际场景：在一个寒冷的12月的早晨，你看到邻居萨拉提着一大袋易拉罐前往回收中心。你观察萨拉的行为，创造出一个故事："哇，萨拉太棒了！她关心环境，愿意付出时间和精力来保护环境。"萨拉向他人传递出她具备环保意识的社会信号。去回收中心很可能也是一个积极的自我信号，她本可以把易拉罐放进垃圾桶，却冒着严寒耗时费力地去回收中心。

她可能对自己很满意。

现在,思考同样的场景,不同的是,这次只有一种激励方案,那就是鼓励人们回收易拉罐:每回收一个,得到5美分。

你仍像最初那样对萨拉大加赞赏吗?我在接受经济学教育的第一天就知道,钱,多多益善。付钱给萨拉会让她开心,还能促使她回收更多的易拉罐。这没什么问题吧?然而,在创造经济收益(经济效应)的同时,激励也改变了信号和故事。萨拉所做的正是你最初对她心生敬佩的事,唯一的区别是,现在她得到几美元报酬。你不再将她视为忠实的环保主义者,她在你眼中成了庸俗肤浅的邻居。换句话说,这种激励改变了回收易拉罐传递的社会信号。

激励的存在不仅会改变社会信号,也会改变萨拉的自我感觉。现在,每次去回收中心,她不再自我感觉良好,反而会想,为这点儿蝇头小利是否值得这样大费周章。换句话说,激励也改变了回收易拉罐传递的自我信号。

丹尼尔·平克将上述发现写入其著作《驱动力》:"大多数人认为,最好的激励方式是金钱奖励——胡萝卜加大棒的方式。这是错的。"[6]对此,我完全赞同。这种简化的做法是错的:"金钱至上"并不适用于所有情况。然而,这并不是说激励不起作用。激励设计的终极目标是让传递的信号发挥效力,同时,在期望的方向上强化自我信号和社会信号。

咒语？

想象一下，某天早晨醒来，你发现自己的偶像发来一封电子邮件。2012年，这等好事就降临到我身上，当时我欣喜若狂。邮件来自大名鼎鼎的经济学家托马斯·谢林，他于2005年获得诺贝尔经济学奖。他写道：

> 阅读你有关激励的论文，让我想起了60多年前的往事。1950年11月至1953年9月，我在华盛顿工作，先是在白宫，后来在共同安全负责人办公室。大家士气高涨，所有人都心无旁骛，努力工作。
>
> 通常，周五下午的会议要持续到晚上7点左右。主持人会问我们，是愿意再加一两个小时的班，还是周六早上继续开会。不少员工的孩子尚小，他们会略带歉意地说，不能再延时了，周六上午9点左右开会比较好。大家都表示赞同。于是，我们在跨部门会议中度过了许多周六时光。
>
> 1952年的一天，我们收到总统的一项行政令：从今以后，周六工作都有加班费。我想，为确定加班的必要性，肯定会有一些流程，但我不知道这些流程是什么，因为我再也没有参加过周六的会议。据我所知，其他人也没有。
>
> 我认为，这可能涉及两种动机。其一，我们的工作

积极性和热情都很高，拿报酬让加班的兴奋感荡然无存。其二，我们不想让人误解，以为我们是为了加班费而在周六埋头苦干。

谢林的讲述充满了关于激励的行为洞见，其重要意义有待我们去发现。本书基于这类素材以及多年的严谨研究，为读者揭开激励的面纱。在探索之前，我们先了解一下什么是激励。简单地说，激励是一种工具，用来激发人们做那些原本不会去做的事情。

围绕激励方案的讨论往往很激烈。是否应该为学生提供出勤率、阅读或学业进步等方面的奖励？应该激励人们更多地回收垃圾、献血或成为更有素养的公民吗？公司应该利用激励措施鼓励员工少吸烟、多运动，或者培养更好的习惯吗？

有人认为，只要提供奖励，成功就会神奇地降临，如同咒语般灵验。事情可没那么简单。的确，行为是由激励塑造的，这并非魔法。但有时激励会传递混合信号，结果适得其反。有人强烈反对激励方案，认为它违反道德，甚至应该受到谴责。对这些人来说，激励是无良公司使用的操纵手段，目的是诱骗勤劳的打工人购买他们不想要或不需要的东西。

对此，我有不同看法。激励本身并无好坏之分，是否道德取决于使用方式。我们可以利用激励让孩子对香烟上瘾，也可以利用它来挽救生命。统计学和计量经济学在本质上并无道德或不道德之分，而是有用的工具，激励也是如此。

先声明一下，激励的作用很大，但并不意味着我们会任其摆布。想想一位因失业中断孩子医保的单身父亲或母亲。相比为孩子续保，这位家长找工作的动力更强。但为四处求职付出的代价真的值得吗？将孩子的健康幸福置于危险之中，以此来激励人们，这种做法正确吗？我的态度很明确：无论背景和境遇如何，所有孩子都应该享有医疗保险。虽然对求职中的父母来说，为孩子提供免费医疗可能是一种糟糕的激励，但我认为这是正确的做法。激励的作用很强大，但不应成为政策设计的唯一考量。

你将在本书中了解我的激励研究成果，它涵盖了一系列不同的主题，包括提高网站点击率和员工的留用率，消除肯尼亚马赛部落的女性割礼习俗，理解美国学生的数学为何没有我们想象的那么差。你将看到，激励以各种方式（有时是以出其不意的方式）发挥着作用。

无论身为高管、父母、老师还是爱人，我们都是激励游戏中的一员。了解游戏规则的人将获得优势。本书中的关键原则不仅会渗透到你的工作中，也会渗透到你的个人生活中。你甚至有望找到自我激励的秘诀，实现搁置多年的个人目标，比如多锻炼、多休假、提高工作效率等。

本书绝非神奇的"咒语"。我希望读者在阅读之后，拥有必要的工具来制定高效的激励措施，未雨绸缪，防患于未然。

信号如何赢得市场

第 一 部 分

正确的信号可以吸引消费者并赢得市场，错误的信号却适得其反，导致不利后果。《宋飞正传》有一集很好地说明了这一点。[1] 在这一集中，杰里想起再过几天就是伊莱恩的生日，他需要决定买什么礼物。杰里和伊莱恩曾是情侣，他认真揣摩着每一份备选礼物的象征意义，迟迟拿不定主意。生日终于到了，杰里将包装好的礼物交给伊莱恩，这一出乎意料的举动让伊莱恩欣喜若狂。然而，在打开礼物的瞬间，伊莱恩的笑容消失了。她表情尴尬，反问道："怎么是现金？你送我现金？你是我叔叔吗？"正当杰里试图解释他那182美元的礼物的合理性时，克雷默走了进来，他送的礼物是伊莱恩心仪已久的一张长椅。伊莱恩激动地拥抱了克雷默，不知所措的杰里被晾在一边。

为什么慷慨送出的182美元现金让伊莱恩大失所望，而一张便宜得多的长椅却让她心花怒放？杰里思考过礼物所传递的信号，却做出了不明智的选择。伊莱恩想要的是杰里精心挑选的礼物，但现金释放的信号恰恰相反，它代表敷衍与草率。克雷默高性价比的礼物让伊莱恩爱不释手，因为它传递出关爱和体贴。

我们都会犯杰里的错误，往往过度关注行动或产品的表面价值，却忽略了它所传递的信号。正确的信号是什么？如何利用它得偿所愿？在下面的章节中，我们将深入信号的世界，探讨信号的类型，通过研究现实中有趣的案例，展示有效信号的威力和糟糕信号的可怕结果。胜败仅在"有效信号"这一线之间。

第一章

可靠的信号

CHAPTER 1

我的会计吉姆是个精力充沛的家伙。4月8日,离纳税日还有一周,他频繁地约见我这类有拖延症的客户(我们这类客户不到最后期限不会关注税款)。他面带微笑,麻利地填写着我的税表。此时,我注意到墙上挂着他的CPA(注册会计师)证书,还有他骑行的照片。照片中,他正骑着大摩托车穿越风景秀丽的山路。我看了看这些照片,又回头看了看吉姆,他是个43岁的男人,拥有乌黑的头发,坐在可以俯瞰圣迭戈市中心的14楼的办公室里。我想调和这两种截然不同的形象,也想了解他的双重生活,于是问他,是什么让他在压力重重的4月仍然干劲十足。我很幸运,他给出了答案:"再过几周,我就要休年假了。"他的眼睛闪闪发光。他已经计划好了:要清洗哈雷摩托,确保骑行夹克合身,再买双新靴子,剃个光头……还要在脖子上搞个文身。

如果碰巧看到吉姆和朋友下班后走进酒吧,你会立即意识到：尽管骑的是高档摩托车，但他们并非真正的"摩托车手"。吉姆不会真的去文身，也不会加入"地狱天使"（一个被美国司法部视为有组织犯罪集团的摩托车帮会）。即使他想加入，对方也不会接纳他。你不可能在当了一个月的"地狱天使"之后，就像什么都没发生过一样，立刻回到可以俯瞰市中心美景的办公室里处理税表。

哈雷摩托车文化很难伪造。摩托车手钟情于哈雷摩托，将其视为一种生活方式，而不只是一种爱好——哈雷是他们的至爱。他们内穿哈雷衬衫，外着哈雷夹克，脚蹬哈雷皮靴，手戴哈雷戒指……你懂的。这一切特征吉姆都有。像"真正的"摩托车手一样，吉姆和他的朋友也喜爱哈雷摩托车，而且每年都会参加为期一个月的文化活动。如何区分真正的哈雷摩托车手和吉姆这类"冒牌车手"？

你需要经济学家所说的"昂贵的信号"：能让代理人（如员工或公司）将其价值观、能力或偏好可靠地展现出来的信息。对摩托车手来说，这个信号应该是只有真正的摩托车手才愿意做的事。夹克和靴子等物品传递的是弱信号，这些东西很多人都能轻易买到。吉姆就是很好的例子。相反，文身会传递更强的信号。如果是"真正的"摩托车手，你就会用文身来表达身份——不是临时的度假身份，而是日常身份。对摩托车文化俱乐部会员来说，文身是一个有效信号，因为其代价对想重返白领生活的"冒牌车手"实在太大了。你可以想象，如果吉姆在脖子上文了一个带翅膀的骷髅，当他走进办公室，老板会有什么反应。有文身的正牌哈雷摩托车手能从别人的目光中获得直接的效用，并将其视为摩托车手文化的一部分。

图 1-1 的博弈树显示了吉姆的激励决定。博弈树是博弈论中的一个工具，用于识别和解释激励改变某一形势的过程。博弈树有助于整理人们做决策时的想法。我将其作为贯穿本书的工具。现在，我们来深入理解吉姆的决定。

真正的哈雷摩托车手一路指向"结果1"——他们的颈部有文身，这传递了一个强信号，表明他们是铁杆车手。发型这类可逆的选择无法传递如此可靠的信号。亨利·法雷尔在《华盛顿邮报》上解释说："顶髻和文身是不同类型的信号。哪怕再离奇古怪的顶髻，也只是缺乏说服力的'空谈'。如果一个扎着顶髻的嬉皮士改变主意，决定找一份枯燥的世俗工作，他只需去理个发。而文身更难去除，说明它是更昂贵的信号。"[1]

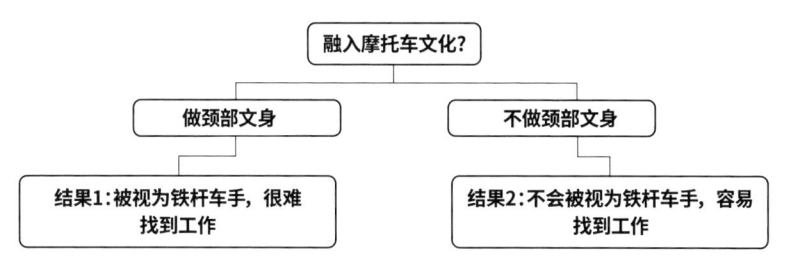

```
              融入摩托车文化？
             ／          ＼
       做颈部文身        不做颈部文身
          │                 │
   结果1：被视为铁杆车手，   结果2：不会被视为铁杆车手，
       很难找到工作            容易找到工作
```

颈部文身是一个可靠的信号：摩托车手的效用。如果某人真正关注摩托车文化，结果 1 ＞ 结果 2 → 做颈部文身。否则，结果 1 ＜ 结果 2 → 不做颈部文身。

图 1-1

肯是我的MBA（工商管理硕士）学生，他向我讲述了他经历的职场文身故事。在纽约大学读本科期间，他还在市里一家高档酒店兼职做服务生。服务生的黑色制服遮住了他右臂上的文身。冬天，一切顺利，他的工作很出色，挣了不少钱（大部分是小费）。后来，纽约越来越热，制服换成了短袖衬衫，他的文身暴露无遗。

新的着装规范出台几天后，酒店经理把肯叫到办公室。"很抱歉，肯，"他说，"你有文身，不能在我们的酒店做服务生。这违反了我们的规定。"经理对肯的工作表现没什么不满，只是大面积的文身并非酒店想向客人传递的信息。经理还向肯保证，他对肯没有成见，也不反对文身，只是不允许在酒店里展示文身。他甚至为肯提供了一份厨房工作。在厨房里，客人看不到他和他的文身。肯的故事并非个例，它证明了文身能传递强信号。

请注意，随着时间的推移，信号的含义可能会改变。40年前，很多雇主都不会雇用不戴领带的人；我去过硅谷的办公室，如今你要是在那儿戴领带，会被视为食古不化的老古董。同样，20年前，戴鼻环可能会让你找不到工作，但今天，很多公司都不会对雅致的鼻环大惊小怪。文身也是如此。不久前，文身还只是水手和囚犯的标志。如今，许多"正常的"年轻人都有明显的文身。信号可以随着时间的推移而改变。

是否有文身并不是影响信号的唯一因素，文身的位置也会改变你所传递的信号。如果肯的文身在后背,那就不会对服务生工作造成任何影响,因为客人根本看不到。那么,身体其他部位的文身会传递什么信号?图1-2展示了三类文身的结果。

场景1:腿后面有文身,被遮住了。 "恭喜,你被录用了"!

场景2:手臂有文身。 "嗯,我们保持联系!"

场景3:颈部有文身。 "抱歉,我们招满了!"

不同位置的文身

图1-2 当地商店在招聘服务员

信号是交流私人信息的重要工具。如果你只是将私人信息说出来,别人可能不信。光说没用,语言容易掺假。信号不仅能传递信息,还能确保信息的可靠性,其价值不限于揭示摩托车手生活方式的偏好。打个比方,你想为公司招聘一名员工。浏览堆积如山的简历,进行一轮轮的面试,可能会让你了解应聘者的部分能力或性格,但他们可以在此过程中弄虚作假,就像吉姆使用哈雷的产品一样。因此,在应聘者传递出更可靠的信号之前,即使经过最完美的面试,雇主也有充分的理由保持怀疑。

1973年,迈克尔·斯宾塞提出了一个有关就业市场信号传递的开创性模型,并因此获得了诺贝尔经济学奖。[2] 斯宾塞的模型表明,应聘者可以通过使用昂贵的信号,以可靠的方式展现自己的重要信息,从而解决信息不对称问题,即他们知道自己有多优秀,但潜在的雇主却不知道。

如何判断这种信号是否反映了应聘者的真实价值观、偏好和能力?有些信息是固定的,应聘者无法改变,因而不能作为反映能力的有价值信息,比如年龄、种族或性别。信号则不然,它传递的信息源自应聘者的特点及其可控的选择。斯宾塞将教育作为信号,你可以在简历中获取它,加深对应聘者的了解。其模型包括两类应聘者:"优质"型和"非优质"型。优质型是能力很强的员工,他们是所有雇主寻找的目标。仅仅通过浏览求职信,无法辨别应聘者的类型,就算面试也做不到。但应聘者可以通过简历上的受教育程度来表明自己的实力。受过优质的高等教育是令人信服的信号,表明应聘者属于优质型,雇主愿意为其支付更高的工资。所有模型都只是一种简化,斯宾塞的模型也不例外。将信号作为一种启发法来决定是否聘用,可能会导致决策失误。

为什么投资一所好大学的教育是可靠信号?因为它实现的难度很大。你需要为这个长期目标投入时间、精力和激情。与非优质型应聘者相比,优质型应聘者的教育投资成本较低,因为根据定义，后者更聪明，更愿努力工作，求学过程更轻松，回报也更大。而前者的求学之路可能历尽坎坷，耗时费力。在斯宾塞的模型中，"预期的薪资增长使教育投资物有所值"的说法仅适用于优质型应聘者。对非优质型应聘者来说，教育投资过于昂贵。因此，雇主能从中了解到应聘者的重要信息。教育经历具有可靠的信号传递价值，因为只有优秀的应聘者才能拥有它。

过去的行为可以是一种相关信号，但教育并非唯一信号。想象一下，你面试的应聘者中有一位海豹突击队退役队员。海豹突击队队员最初的训练很艰苦，而完成训练、最终结业更是难上加难，那是对体能和意志力的巨大考验。由于自身因素，有些结业者要付出更大的努力。因此，即使你招聘岗位的职责描述中不包括高度专业化的任务，比如在偏远地区着陆、与敌人作战等，海豹突击队退役队员的身份也会展现应聘者的基本性格特征，雇主会认为它们与工作相关，并且很有价值。

与文身相比，受教育程度或特种作战训练经历显然是截然不同的传递私人信息的方式。我住在圣迭戈，距我家十分钟车程内有十几家文身店，一顿饭钱就能搞定一个文身。但是，如果文身与你的生活方式不符，其成本就远远超出其货币价值。正如我们所讨论的，文身会以可靠的方式透露你的偏好。对教育等领域的投资具有可信度，源于这样的事实：其一，实现难度很大且耗费时间；其二，你的出色表现传递出与能力和性格有关的有价值的信号。

> **要　点**
>
> 信号是向他人展现价值观、能力和偏好的可靠方式。

第二章

丰田如何赢得混合动力汽车市场

CHAPTER 2

在第一章，我们探讨了个人如何向他人可靠地传递信息。大型组织或公司如何利用对信号的理解来发挥自身优势？如果组织知道个人会用信号来展现偏好、能力和特征，它能将这种观察转变成一种盈利策略吗？21世纪初，丰田公司就成功地做到了这一点。

1999年，仅相隔几个月，丰田和本田就向美国市场推出了各自的混合动力汽车。它们是该领域的领头羊，这是首次批量生产，因而备受客户期待。刚开始，两家公司还存在一些竞争，但短短几年，丰田就赢得了市场，普锐斯成为有史以来最畅销的汽车之一。本田的混合动力汽车败下阵来。丰田是如何说服众多客户购买混合动力汽车的？本田为什么会失败？

购买低性能车的好处

除了油耗低,早期的混合动力汽车几乎在所有方面都表现不佳。与市场上同档次的非混合动力汽车相比,它们的价格更高,速度更慢,加速性能、舒适性和安全性也更差。可以想象,如此糟糕的汽车无法为丰田赢得客户。然而,这些缺点在带来挑战的同时也提供了机遇,因为购买低性能但环保的汽车会传递一个强信号,表明车主的环保意愿。早期混合动力汽车的买主发出了明确的信号——他们有环保意识,愿意付出更高的代价来保护环境。否则,他们为何要牺牲自己的舒适性和安全性?与教育投资类似,混合动力汽车的性价比很低,主要优点是有利于环境。通过购买普锐斯,车主向自己和全世界宣告,他们是愿意为环境做出巨大牺牲的人。图 2-1 的博弈树显示了早期混合动力汽车的激励游戏。

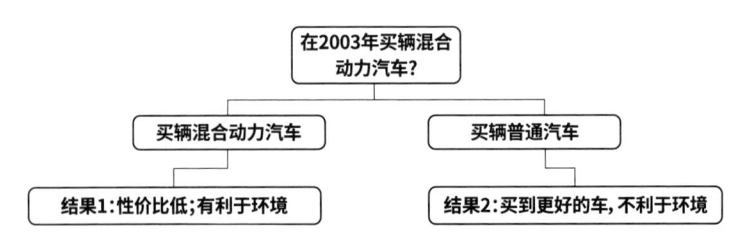

```
        在2003年买辆混合
          动力汽车?
         /          \
   买辆混合动力汽车    买辆普通汽车
        |                |
  结果1:性价比低;      结果2:买到更好的车,
    有利于环境           不利于环境
```

购买混合动力汽车是一个可靠的信号:买家的效用。如果你关心环境,那么结果 1 > 结果 2 → 买辆混合动力汽车。如果你不关心环境,那么结果 1 < 结果 2 → 买辆普通汽车。

图 2-1　丰田如何赢得混合动力车市场

如今，购买普锐斯不再传递这种信号，至少信号强度不及早期的混合动力汽车。普锐斯已是一款具有竞争力的汽车，即使在非混合动力汽车市场，它也有较高的性价比。无论是否关心环保，客户都认为它物有所值。例如，优步司机可能会发现，它既省油又舒适、可靠。因此，很多人购买普锐斯，即使他们不怎么关心环境。如今，买家在购买普锐斯时不再需要过多牺牲安全性和舒适性，普锐斯的其他新优势削弱了环境信号的强度。不信的话，想想特斯拉车主传递的信号——真的都与环境有关吗？

普锐斯政见：炫耀低性能车

早期的混合动力汽车性能较差，但能可靠地彰显买家的环保立场，从而为购买行为创造强烈的动机。很多人愿意通过购买普锐斯来发表环保声明，一个潜力巨大的市场应运而生。正如我们了解到的，多年来，普锐斯在混合动力汽车市场上为丰田带来了真正的优势。那么，本田到底错过了什么，让丰田抢占了先机？

我们先来看看两家公司的销售情况。图 2-2 显示了 2000 年至 2010 年丰田和本田混合动力汽车在美国的销量（全球销量数据也呈现类似特点）。[1] 如你所见，两家公司的销售额都是在一段时间之后才开始上升的。本田的第一款混合动力汽车是音赛特，这是一款从未真正售出的小型双座汽车。本田得出的结论是，潜在买家不喜欢双座汽车，于是基于畅销的本田思域推出了一款新的混合动力汽车。原因很简单，设计决策简化了工程师的工作：在现有模型的基础上稍加修改，以减轻供应链各环节的负担。

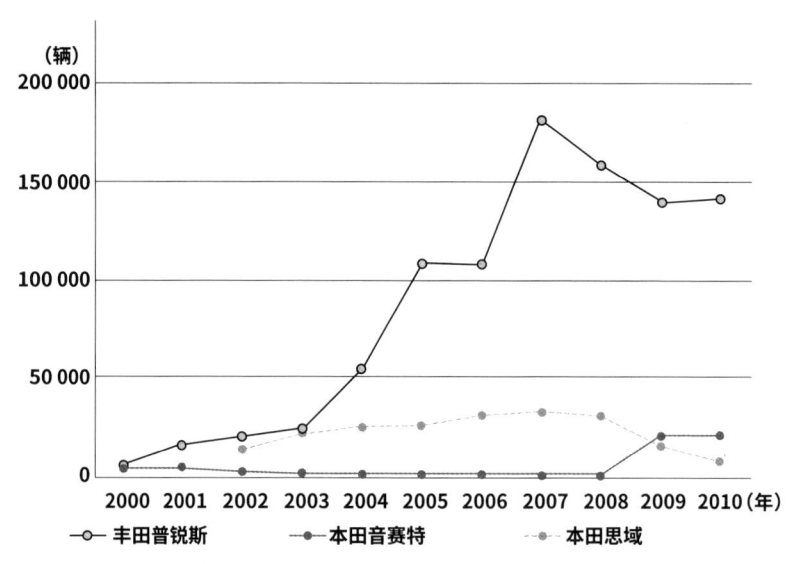

图 2-2　2000 年至 2010 年丰田和本田混合动力汽车在美国的销量
（纵轴表示每年的汽车销量）

而丰田的策略完全不同，这一策略彻底改变了竞争局面。第一代普锐斯（1997—2003 年生产）的设计基于丰田畅销车卡罗拉。第二代普锐斯在许多方面都有改进，其中一个关键改变让它一举成功。

其他品牌的混合动力汽车车尾只有一个小标牌，普锐斯别出心裁，重新设计了标牌，于是就有了我们现在熟悉的独特外观。当你驾驶新款普锐斯进入停车场时，所有人都看得见，知道你是混合动力汽车车主。客户购买普锐斯是为了传递他们关心环境的信号，因此，独特的标牌至关重要。毕竟，如果无法吸引别人的注意力，传递信号的价值何在！小标牌不醒目，无法传递太多信号。也就是说，它作为信号并没有那么有用。另一方面，如果一个全新的设计不能随时随地被人觉察，它就毫无价值。

普锐斯车主非常清楚自己在做什么。不信的话，看看停在我家附近的这辆普锐斯，注意车上的贴纸（图 2-3）。

图 2-3　自豪的普锐斯车主

让普锐斯车主"扬扬得意"的是：他们的车别具一格，看起来与众不同，一个字：酷。在别人眼中，普锐斯车主是真正关心环境的人。

2003年推出的第二代普锐斯带来了销量的增长。不用说，它的性能比第一代更好，但本田思域也比音赛特更好。然而，只有少数混合动力汽车的买家购买了本田思域。人们想拥有一辆与众不同的普锐斯，实际上是想引起别人的注意。

2007年，《纽约时报》引用俄勒冈州班登CNW市场营销研究所的一项研究，证实了这一观点。研究发现，57%的丰田普锐斯买家表示，其购买动机是"它能为我代言"。只有36%的人回答说，购买原因是它的油耗低，提到低排放的人就更少了（只有25%）。文章标题可谓一针见血——《谈到"混合动力汽车"，"普锐斯"耳熟能详》。作者米什莱恩·梅纳德在开篇抛出一个问题："为什么丰田普锐斯能大获成功，而其他混合动力汽车却少有人问津？"她的回答是：买家希望所有人都知道他们开的是混合动力汽车。[2]

为了支持其观点，梅纳德采访了普锐斯车主，询问他们的购买理由。她得到的反馈大致相同：

> 我真的想让大家知道我很关心环境。
>
> ——乔·费斯利，宾夕法尼亚州费城
>
> 我觉得凯美瑞混合动力汽车毫不起眼，无法传递我要表达的信息。我想产生最大的影响力，普锐斯传递的信息更明确。
>
> ——玛丽·盖奇，南卡罗来纳州查尔斯顿

也不只是普通人有这种感觉:

> 普锐斯能让你借助汽车发表绿色声明,这可是前所未有的事。
>
> ——丹·贝克尔,加州圣迭戈塞拉俱乐部
> 全球变暖项目负责人

2017年,《华盛顿邮报》的罗伯特·塞缪尔森将这一现象恰如其分地称为"普锐斯政见"。他认为人们购买普锐斯是为了炫耀,而非减少污染。[3] 同年,本田首席执行官承认,"发布一款与思域在外观上大同小异的混合动力汽车是一个错误"。至此,丰田在混合动力汽车的竞争中大获全胜。

要 点

对信号的解释可以发挥重要作用,不仅能吸引客户,还能在激烈的市场竞争中获胜。

第三章

这就是我：自我信号的价值

普锐斯清晰醒目的信号为它赋予了价值。也就是说，相较于购买本田混合动力汽车传递的微弱信号，普锐斯的信号价值更大。回想一下引言中讨论的两类信号（自我信号和社会信号）的区别。到目前为止，我主要探讨了社会信号，它是改善社会形象——别人对我们的看法——的方式。但我们的许多选择都源于对自我信号的考量。人们经常从自我信号中获得正效用或满足感，通过行动表明自己是好人。

自我信号和社会信号相互作用的方式颇为有趣，却难以察觉。我们一如既往，采用实验这种最严谨的研究方法来了解信号间的交互方式。我和艾莱特·格尼茨、格哈德·里纳、利夫·纳尔逊进行了一系列实验。[1] 其中一个实验是在位于维也纳市中心的一家巴基斯坦自助餐厅 Der Wiener Deewan 进行的。这家餐厅的独特之处在于，它使用"随意付"（PWYW）模式向顾客收费。也就是说，顾客用餐后可以随意支付餐费，甚至可以一分钱都不付。

在你严肃质疑这种商业模式之前，我向你保证，至少在某种程度上它是有效的。许多公司和组织都使用过这种商业计划。例如，Radiohead乐队在其网站上使用"随意付"系统发行专辑《彩虹里》，获得巨大成功——该专辑荣登《公告牌》排行榜榜首，全球销量高达数百万张。甚至在专辑正式发行之前，其利润就超过了乐队上一张专辑的总利润。[2]

受定价方案的启发，餐厅老板在开业时用"随意付"来吸引新顾客。最初几周，人们的付款金额与定价情况下的预期差不多，于是餐厅继续使用该方案。初期的平均付款为5.5~7欧元（与该地区同类餐厅相似），随后略有下降。但是，喜欢该模式的顾客越来越多，人们纷至沓来，餐厅收入又出现小幅增长。

实验开始的前三个月，顾客支付的中位数是5欧元，最少为0欧元（每天最多发生三四次），最多为50欧元（只有一次，那人是附近一家通信公司的经理，他在账单上写道："如果我没有搞错，确实有人付了这么多。"）。通常，人们会单独将餐费交给服务员。在极少数情况下，有人会支付整桌的餐费，老板会按人数平均分配，得出个人的付费估值。这家餐厅只是"随意付"模式长期存在的例证之一。大多数顾客会在离开餐厅前付款。为什么？答案可能是，人们在意付费举动向自己和他人传递的信号。

为了检验并解开社会信号和自我信号之谜，我们进行了一项现场实验。现场实验是行为研究的重要工具。实验室实验是在"纯净"环境中进行的，这种环境脱离了自然环境，而现场实验是"在自然环境中"检验我们的理论。在考虑现场实验时，我们尝试在自然环境中进行研究，受试者不知道他们的决定正在被研究。因此，现场实验能让我们聚焦于在自然环境中感兴趣的群体，得出更适用于相关背景的结果。

我们的现场实验包括两个实验组（也称"处理组"），两组的区别在于是否匿名付款。在"非匿名"组中，顾客填写一份调查问卷，与餐费一起交给负责收发问卷的服务员。服务员受过指导和培训，他们会在问卷上记录支付金额，对所有顾客一视同仁。顾客的决策过程如下：

就餐→填写问卷→将问卷和餐费交给服务员

"匿名"组的顾客也收到了调查问卷，也要决定支付多少餐费。在离开前，顾客将餐费与问卷放入信封，投进餐厅入口的箱子里。决策过程如下：

就餐→填写问卷→将餐费和问卷放入信封并封口

非匿名组的顾客平均支付 4.66 欧元。付费理由很简单，他们关注自己的社会形象——不想在服务员面前表现低俗。

换句话说，通过支付合理的餐费，他们向别人表明自己是好人，从而提升其社会形象。

匿名组的情况如何？该组顾客显然无法向他人传递信号。想想看，如果没人看到你的付款金额，付款就无法提供社会形象价值。因此，有人可能会认为，如果顾客只关注社会信号，他们一分钱都不会付（如图 3-1 所示）。

随意付

非匿名付款 ——"我不想让她小瞧我！"

匿名付款 ——"哇，我可真是个好人！"

图 3-1　自我信号：我是好人吗？

如果他们也关注自我形象呢？享受了一顿丰盛的午餐却不付钱就离开，这可能会让他们自惭形秽，他们不想把自己看成利用餐厅的慷慨占小便宜的人。关注自我信号的人会付款，即使付款方式是匿名的。

我们的实验设计可以将社会信号和自我信号从相互作用

中分离出来，而且能让我们进行动态观察。非匿名组能让我们分析两种信号的组合效应，匿名组则有助于我们专注思考自我信号的影响。通过设计，我们可以对两个实验组进行比较和对比，揭示两种信号是否会相互强化。请花点儿时间思考并做出猜测。当匿名组顾客不必担心社会压力时，他们会支付更少的钱吗？如果仅仅假设两种力量相互强化，我们就会做出这样的预测：匿名组顾客也会支付餐费，但金额低于非匿名组。

事实证明，匿名组比非匿名组支付的钱更多。也就是说，在别人看不到的情况下，顾客支付了更多的餐费，平均多出0.71欧元，该结果具有统计显著性。我们可以明确拒绝这一假设：顾客在不被看到时会支付较少的餐费。

为什么在匿名付款时人们支付的餐费更多？我们的结果不仅支持了"人们经常付费来提升自我形象"的假设，还证明了两种信号（自我信号和社会信号）并非简单地"叠加"在一起。两种信号都能促使人们付出更多，因此，很容易做出错误假设，即当二者同时存在时，激励效果总是更好。也就是说，人们会支付更多。我们发现这种假设并不总是与行为一致。两种信号同时存在可以相互影响，从而改变价值。如果餐厅服务员能看到你的付款，你会想通过支付合理的餐费向他们表明自己是好人。然而，被他人看到会降低自我信号的价值。此时，你会觉得付款的部分原因是为了给服务员留下好印象，向别人传递信号无法提升你的自我形象。你不会认为付款是因为你确实是个正派的人，反而觉得是迫不得已，不那么做会被人瞧不起。另一方面，当别人看不到你的付款金额时，自我信号可能更强。即使没人看到，你也会付款，你的自我形象因慷慨之举得到升华。

自我表达

我们的实验结果表明，信号不一定叠加。传递社会信号会降低自我信号的价值，后者的作用可能更大，这就是在实验中添加社会信号降低了付款总额的原因。然而，丰田普锐斯并不存在社会信号排挤自我信号的问题。在这种情况下，两种信号确实叠加了。品牌专家布拉德·凡奥肯写了一篇文章《丰田普锐斯——汽车的自我表达》。文章探讨了一个观点：对那些用普锐斯进行"自我表达"的人来说，其独具匠心的设计至关重要。经销商用"自我表达"将我们刚才讨论的两种信号结合起来。凡奥肯说："我驾驶自己的第一辆普锐斯，遇到红灯停在悍马旁边时总是很开心。我会扬扬得意地看着悍马司机，心想：'你这个开着耗油车、自私自利、浪费资源的家伙。'作为熟悉自我表达型品牌的经销商，我也能想象出，他看着我，心里嘀咕着：'你这个环保瘪三，我可以把你的车像碾轧虫子一样碾得稀巴烂……'也许，他把我当成'自以为是的环保狂'，或者以为我买不起悍马。"[3]

典型的普锐斯车主享受它带来的两大优势。首先，他们的自我感觉更好（自我信号）。其次，他们是普锐斯俱乐部的快乐成员，可以取笑悍马一族（向他人传递信号）。在社会学和营销学中，两种信号的结合司空见惯。简言之，我们有自我表达的需求，这种需求由我们对两种信号的渴望所驱动。我们利用大量的个人选择（服饰、食物和车辆）来表达自我。

然而，在考虑激励措施时，重要的是将自我信号和社会信号分开。餐厅实验证明，两种信号并不总是叠加的，如果不经深思熟虑就使用，可能会偏离目标。我们要注意激励的环境，因为两种信号之间的相互作用（无论是强化还是冲突）取决于环境。在设计激励方案时，理解激励的感知方式会产生重大影响。

要做到这一点，重要的是了解目标受众。悍马司机想传递的信号与普锐斯司机的截然不同。普锐斯的新设计大获成功，因为它准确地激励了自己的目标群体。稍后，我们将进行更深入的探讨。现在，我们来谈谈激励和信号是如何影响自我选择的。

案例研究：有偿献血

简是一位定期献血的律师。献血会让人略感不适，却有利于她的自我信号：简不仅为此自豪，还意识到这是舍己为人。当与朋友共进晚餐时，谈论起献血，简也享受着传递社会信号的愉悦。在其成本效益计算中，简的所得（良好的感觉）远大于所失（时间损失和献血时的不适）。与简志同道合的人很多：全球每年约有1亿人献血。[4]

当然，并不是所有人都有做慈善的动力，比如乔。他与简在同一家律师事务所工作，是一名秘书。可以预见，乔的工资比简低得多。为了赚外快，他下班后兼职优步司机。乔不献血。为什么？首先，他更愿意花时间做兼职，多挣些钱。其次，他不怎么关心献血，献血也不会让他的自我感觉更好。

关于献血的经济学非常有趣。血液市场每年的交易额高达数十亿美元，但献血者分文不取。美国医院的血液采购价约为每单位570美元，这笔费用最终由患者承担。[5]血库总是需要更多的血液，它们向医院收取的费用远高于采血的成本。需求远大于供给。在这种情况下，经济学的解决方案很简单：付费给献血者，供给就会增加。如果这招儿真能奏效，为什么你每次献血都拿不到一大笔钱？

设想一下，某血库请你为献血者设计一个激励方案。你的第一反应很简单：给每位献血者发放补贴，比如50美元。毕竟，血库能赚到的更多。简应该更愿意去献血，乔也可能暂停几分钟的优步生意去献血。这能出什么纰漏？

你的信号可能会引发冲突。金钱补偿会影响一个人的银行账户，同时改变献血传递的信号。在没有任何经济激励的情况下，简享受着积极信号，如图3-2博弈树的结果1所示，它展示了简的决策过程。但是给她50美元，导致结果2，一切就都变了。当与朋友共进晚餐时，如果他们无法做出理性的假设，简就不会再提起自己的善举，因为朋友会认为她的工资一定很低。更糟糕的是，他们会瞧不起她，觉得她这是为五斗米折腰。回想一下引言中回收易拉罐的例子：简单的激励措施让萨拉从令人敬佩的环保主义者变成肤浅的邻居。与萨拉的情况一样，这50美元甚至可能让简怀疑自己的献血动机：去献血是因为我是好人，还是因为有报酬？金钱激励将引发矛盾现象：简可能不再献血，因为她更愿选择结果1。相反，乔的行为可能符合激励设计的预期（只要激励足够大），他会经常献血，因为他不太关心结果1中献血传递的积极信号。

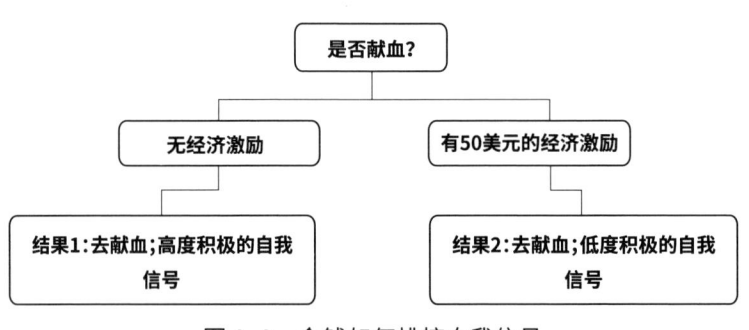

```
                是否献血？
               /          \
        无经济激励        有50美元的经济激励
            |                   |
    结果1:去献血;           结果2:去献血;
    高度积极的自我         低度积极的自我
        信号                  信号
```

图 3-2　金钱如何排挤自我信号

理查德·蒂特马斯在1970年出版的《礼物关系：从人血到社会政策》中指出这一效应。[6]他对比了英美两国的献血系统。当时，美国血库发放献血费，而英国血库不发放。蒂特马斯认为，激励设计的差异导致不同类型的献血者：英国的"简式"献血者居多，美国的"乔式"献血者居多。结果，美国的血液质量较差，因为许多献血者都是急于用钱的吸毒者，他们感染乙肝的概率更高。蒂特马斯继续写道，两国献血者的类型不同是由献血规范的差异造成的。基于激励方案的规范不仅讲述了故事，还对两种信号产生了影响——你如何看待自身行为，以及他人如何看待你的行为。

当富裕国家的献血者被问及献血原因时，大多数人回答为了利他：希望为社区、朋友和亲人做出贡献。[7]这进一步解释了目前血液市场为何采用这种激励措施。的确，富裕国家75%以上的血液来自志愿者。[8]事实上，高收入国家不考虑有偿献血的策略，在很大程度上是出于"蒂特马斯式"的理由：不希望与献血有关的规范涉及金钱。

在献血的例子中，激励的总体效果很大程度上取决于规模和类型。如果给予小额现金补贴，可能会改变规范，对"简式"献血者的逆火效应可能会大于对"乔式"献血者的吸引力。因而，最好不提供任何激励，避免动机的变化。

禁止以金钱奖励献血的国家已经证明，非现金的小额奖励可能会发挥作用。如果运用得当，非现金奖励不会让献血者怀疑其动机。转换类型（从现金奖励到非现金奖励）和规模（从50美元现金到1美元的钢笔）可能不会影响"乔式"献血者，但现场实验表明，它会让简这类人更积极地献血，也会促使"有献血意向"的人付诸行动。一项研究使用了奖章和社会奖励（在意大利城镇的地方报纸上公布献血者名单）。[9] 另一项研究向澳大利亚的"简式"献血者赠送"荣誉笔"。[10] 研究表明，赠送小礼物可以在短期内对献血者产生积极影响，长远看也没有什么负面影响。[11]

为什么小小的认可会激励献血者？显然，简并不缺钢笔，但有了这支笔，她就可以在开会时不经意间把它拿出来，轻而易举地向人们传递她是献血者的信号。钢笔还增强了自我信号。毕竟，每次拿起这支笔，都会加深她的自我印象：我是一个利他的好人。这种感觉很美好。

> **要　点**
>
> 信号会改变人们的自我感觉（自我信号），以及他人对自己的看法（社会信号）。要增强信号，就要考虑信号的规模和类型。

避免混合信号

第二部分

我们的选择和行动向他人传递了价值观。设想一下，一位经理对客服中心的员工说："客户服务是公司的工作重心。"这是一个向外传递的有关价值观的信号。现在，经理制定激励措施，员工按接听的电话数量获得报酬。它传递的信号是以牺牲服务质量为代价的"速度至上"，与经理追求的价值观背道而驰。这种混合信号让员工搞不清经理的价值观和期望到底是什么。

混合信号问题可以转化为一个简单问题：应该奖励什么？在许多情况下，绩效涉及的因素很多，但奖励只针对其中的某个方面，通常是最易衡量的一个方面。"一刀切"的措施向员工传递出明确的信息：专注于能获得金钱奖励的指标，忽略其他所有因素。例如，计算工人的衬衫产量可能很简单，但如果只奖励产量，衬衫的质量会怎样？工人会确保缝线笔直、对称吗？如果只根据销售额来计算销售人员的薪酬，销量可能会上升，但客户或许对服务不满，从此不再购买我们的产品。

经济学家一直在这种"多任务处理"条件下寻找激励行为的最佳方法。[1]在某些情况下，因其他维度衡量起来太复杂（比如质量），你只能激励一个维度（比如数量），此时最好避免"依情况而定的激励"，即完全取决于绩效的激励。通过考虑绩效的其他方面，我们可以用巧妙的方法避免问题的出现。第二部分探讨的正是这类问题及其解决方案。

重要的经验是，激励会影响不同目标之间的矛盾关系，当用它来奖励一个行动或结果时，你需要理解和掌控激励的影响方式，否则就可能传递出相互冲突的信息。公司里往往有一些坐而论道的"话题"，却缺乏明确有力的信息来支持其激励措施。

表 A-1 是公司常见的冲突信息。

表 A-1　激励如何传递混合信号

鼓励……	却激励……
质量	数量
创新	万无一失并惩罚失败
长期目标	短期成果
团队合作	个人成功

公司说的是一套，制定的激励措施却是另一套，二者的矛盾导致了混合信号。我们将在下一章依次探讨表中的每个混合信号，并阐明避免的方法。请注意，表中的信号是高管对员工行为期望的解释。也就是说，它有助于员工理解激励制定者的期望。

第四章

多即少：以质量为代价激励数量

CHAPTER 4

> 我说，既然正直行事麻烦重重，胡作非为却毫不费劲，而且拿的钱都一样，那么学好还有什么用？
>
> ——马克·吐温，《哈克贝利·费恩历险记》

45岁的苏珊晋升为客服中心经理，该中心约有100名员工。她在几年前入职，现在的任务是为团队设计薪酬方案。杰克是团队成员，29岁，与女友同住，是当地一所非全日制法学院的学生。他的梦想是成为一名成功的律师，客服中心的工作只是他暂时养家糊口的工具。

苏珊不能简单地根据员工的努力程度设定薪酬，因为客服中心对此没有很好的衡量标准，这让她颇为沮丧。苏珊无法全面监督杰克的工作，但可以通过改变激励机制促使他更加努力。起初，苏珊考虑了固定工资，这是许多雇主采用的极端方案。如此一来，杰克只要按时上班、接听电话，就能拿到工资。不过，工时是否足以反映杰克的努力程度？杰克可以每天工作 8 小时，却在接电话时漫不经心，将大量时间用于喝咖啡、刷脸书。如果工时不是判断努力的有效指标，苏珊应该选择什么指标？是杰克的通话次数、帮助的客户数量，还是喝了几杯咖啡？

假如苏珊像所有同行一样，选择的指标是通话次数而不是时间，如果通话次数只取决于杰克的努力，而且很容易衡量，苏珊就不必担心他会刷脸书：他打的电话越多，挣的就越多。

解决方案似乎简单明了，是吧？如果通话次数是苏珊关心的唯一指标，那么确实如此。但她想向杰克传递"尽可能多打电话"的信号吗？如果她还关注通话质量，她可能会对结果感到失望。考虑一下杰克处理的电话类型：有些比较简单，能快速处理；有些则较为棘手，需要花较长时间。如果按通话次数计酬，杰克会收到一个信号，比如，可以在处理复杂问题时"不小心"掉线。这对客户或客服中心来说都没有好处。因为急于结束通话，杰克还可能表现得缺乏礼貌和耐心。如果你关注其他维度（比如质量），那么只激励数量会导致很多问题。这就是本章探讨的内容。

在苏珊和杰克的例子中，相较于评估工作质量，计算完成的任务量或产量往往更容易。激励数量的方法简单易行，许多公司都这么做。然而，对真正关注质量的公司（比如，成功取决于客户评价的公司）来说，数量指标导致一个问题：

它传递出错误的信号。公司可以反复强调质量的重要性，但如果只实施数量激励，就会传递相反的信号。

谁在传递混合信号？

不只是私企，政府也会犯传递混合信号的错误。19世纪中叶，美国政府开始修建第一条横跨大陆的铁路。主管部门聘用美国联合太平洋铁路公司来完成这项工作，工作要求是建造最高效的铁路。他们还制定了基于数量的激励机制：按修建轨道的英里①数付费。

19世纪60年代，阅历丰富的托马斯·C.杜兰特进入该领域。杜兰特曾是一名医生，后来转行，买下美国联合太平洋铁路公司200万美元的股份，并通过选举成为总裁，获得了公司的控制权。他"聘用"美国动产信贷公司作为铁路建设的独立承包商。该公司只是一个影子公司，背后真正的金主是美国联合太平洋铁路公司的投资人。杜兰特利用这个幌子抬高实际建筑成本，诈骗了政府数千万美元。抬高成本的方法之一是增加不必要的轨道：毕竟，轨道越长，公司赚的钱越多。[1]

---

① 1英里≈1.609千米。——编者注

显然，政府在制定激励机制时并不想得到这个结果。虽然激励数量无可厚非，但轨道长度只是质量指标的一个方面，并非高效铁路的实际衡量标准。更有效的激励应该包括时间因素（例如，为按时完工支付固定款项，不需要按轨道长度付款，那是个容易虚增的数字）和质量控制，因为时间限制也可能导致对质量的忽视。

以质量为代价提高数量的后果可能是不可逆的。以化石回收为例。19世纪，中国古生物学家招募当地农民到挖掘现场寻找化石。他们按上交的化石碎片给予奖励。激励数量的结果是：一些农民砸碎了他们发现的骨化石，这大大增加了他们的收入，却降低了文物的科学价值。激励力求简单，但古生物学家的激励过于简单。倘若增加另一个维度，比如化石的大小，他们就能从中受益。

为什么要增加维度，而不是换一种简单的激励？苏联人付出了沉重的代价才找到答案。苏联的一家国有玻璃厂曾根据玻璃重量支付经理和员工的工资，这种激励措施促使工人生产出重到几乎不透明的玻璃。工厂领导意识到出了问题，但他们并没有增加一个激励维度，而是简单地将指标从重量换成了尺寸：根据玻璃的面积核算薪酬。新的激励措施解决了老问题，却制造了一个截然不同的新问题：工人生产的玻璃非常薄，在运输或安装过程中经常会破碎。[2]

特拉维夫的小巴为什么没关好门就启动？

上述案例表明，激励人们增加某个维度的产出，会对其他维度产生意外的影响。理解这种影响是关键。你要确保激励的指标正是你想促成的目标。芝加哥大学的经济学家奥斯坦·古尔斯比在为《石板》杂志撰写的一篇文章中提出了这一观点。[3] 古尔斯比想在日常通勤时尽可能避开高速公路上的交通拥堵。他熟悉了所有路线，如果高速公路堵车，他就走另一条路，从而节省了时间。世界各地的司机都感同身受……除了公交车司机。公交车在堵车时原地等待，不寻找更快的路线，即使这样做也不会影响它们停靠的站点——毕竟，在高速公路上没有站点可停。因拥堵造成的延误使公交车的吸引力远低于其他交通工具。

为什么公交车司机不走捷径？是因为很难找到更快的路线吗？恐怕不是。即使不熟悉路，基于GPS（全球定位系统）的应用程序也会告诉你当前更快的路线。也许更犀利的问题是：在无激励的情况下，公交车司机为什么要努力寻找最快的路线？他们按时计酬。车到终点站后，只需掉头继续驾驶，直到轮班结束。他们没有抄近路和服务于更多乘客的动力。

瑞安·约翰逊、戴维·赖利和胡安·卡洛斯·穆尼奥斯在2015年的一项研究中表明，智利公交车司机对激励措施有敏锐的认识，并对激励结构的变化做出快速反应。[4] 当像美国公交车司机一样拿时薪时，他们没有动力寻找最快的路线并服务于更多乘客。用我们的术语来说，他们收到的信号是："耽误乘客的时间没什么大不了。"通过改变激励结构，让司机的工资基于当班时的乘客人数，他们收到的信号是：管理层关注的是上客量。司机的行为会随之发生巨大的变化。新的激励结构促使司机减少延误，他们会像你我一样，寻找节省时间的路线，而且驾驶时间会更长，休息时间会更短。

在特拉维夫，你可以观察到与智利类似的现象，只不过以上客量为激励指标造成的问题更明显。特拉维夫的小巴是私营的，司机的收入来自乘客的车费。在一些繁华路段，小巴司机与拿时薪的公交车司机竞争。旅居特拉维夫期间，我喜欢乘坐小巴，因为可以在自然环境中观察战略行为。小巴司机不停地通过无线电与同伴商定战略，哪里可能有更多的乘客他们就去哪里。他们还会紧盯公交车时刻表，总是比公交车早几秒捷足先登，接上在车站候车的乘客。

图 4-1 描绘的正是这个故事。总之，这种战略行为的结果是，小巴司机提供了更快的服务，但他们也更急躁，让许多乘客感到不悦。乘客刚上车，还没坐下，甚至车门都没关好，他们就风驰电掣地驶出车站。说实话，作为小巴乘客，你得手脚麻利才行。这一现象符合智利的研究结果。研究发现，以速度和上客量激励公交车司机，会增加交通事故，乘客的乘车体验也不太愉快。

风驰电掣还是慢吞吞?完全取决于对司机的激励措施

图 4-1 猜一猜：谁拿时薪，谁的收入来自上客量？

在选择司机的薪酬方案时，公司需考虑更重要的因素：效率还是安全舒适？确定了更重要的因素，就可以选择与司机目标一致的激励措施，避免传递混合信号。此外，还可以寻找创造性的解决方案，同时解决质量问题。一个有关网约车的大型自然实验向我们展示了如何做到这一点。

网约车案例

先来看看你友好的邻居"黄色出租车公司"的例子。山姆是这家公司拿时薪的司机。可以想象，在固定工资的情况下，他为何没有强烈的动机战略性思考最佳乘车地点。他会延长午休时间，而不是利用这段时间积极工作。毕竟，只要偷懒没被发现，无论工作多久，付出多少努力，他都会得到同样的报酬。

将山姆与优步司机凯特进行比较。凯特及其同事处于另一个极端：他们按接单次数计酬，收入要扣除按比例支付给优步平台的费用。凯特的收入取决于她的接单量：接单越多，赚的钱越多。与特拉维夫的小巴司机一样，她和同事更有动力实现速度和距离的最优化，也比山姆及其同事更努力。

凯特可能会一门心思地接更多的单，因而忽视服务质量。网约车公司了解其中的风险，找到了解决方案，那就是增加一个激励维度：让乘客为司机打分。当优步服务结束时，乘客可以对司机进行一到五星的评价。当你通过软件叫车时，司机获得的累计评分会显示在屏幕上。如果评分较低，你可以选择别的司机。此外，如果你给司机打了低分，系统会提示你说明原因，比如安全、整洁、礼貌等等。忽视服务的风险很高：优步的算法会监控服务评价，不达标的司机将被淘汰。

评分系统关注用户体验和客户服务，是激励司机提供优质服务的简单解决方案。请注意，评分系统成本低廉且有效，但它并没有取代之前按接单次数计酬的激励措施。网约车公司将评分系统纳入其中，创造了一种更好的激励方法，让司机在提高效率的同时提供优质的服务。

传统出租车司机没有这种机制。拿固定薪酬的司机就不必说了，即使是单干的司机，或从平台获得部分收入的司机，受到的激励也只是最大限度地增加接单量，以牺牲舒适性和安全性为代价提高速度。如果乘客不正式投诉，他们就没有提供优质服务的外部动机。你可能会认为，如果他们像山姆一样，是某家公司的员工，他们会因服务和不做有损公司声誉的事，哪怕是些微不足道的小事而得到一定的回报。妮科尔·塔姆在《夏威夷商业杂志》上撰文讲述了自己的乘车经历，道出了很多人的心声：

> 我和朋友叫了一辆等候在停车场的出租车。行程很短，但又热又让人恼火。司机态度蛮横。那是一辆老旧的七座面包车，有股霉味，还脏兮兮的，车里散落着纸巾和塑料袋。我想在手机应用程序上发泄一下，给他一个所有人都能看到的差评，但唯一能做的就是记下车牌号，打电话给出租车公司进行口头投诉。
>
> 当我用优步和来福车时，几乎所有的司机都很文明，车子也比较干净。行程结束后，我可以立即在应用程序上评价乘车体验。[5]

现在，情况发生了变化。网约车应用程序给出租车公司带来的竞争压力迫使后者重视客户服务。《大西洋月刊》的一篇报告分析了超过10亿次出租车乘车数据。数据显示，自从网约车公司加入出租车行业后，客户对纽约和芝加哥出租车和豪华轿车委员会的投诉稳步下降。[6]为什么？数据表明，投诉减少的部分原因与新的竞争压力有关，出租车司机正在努力提高服务质量。一些城市的出租车公司推出了自己的应用程序，想与网约车应用程序抗衡，这些程序中也有评分系统。

案例研究：按次收费

不久前，本书的研究助理威尔买了一辆电动滑板车，经常开着它在镇上穿梭。他享受着速度与激情，滑板车的速度常常达到每小时 20 英里。经过几周的极限测试，威尔终因鲁莽受到惩罚——他出了车祸，膝盖受了伤。他去医院挂了急诊，医生立即让他进行各种扫描检查。查看扫描结果后，医生建议他过两周复查，甚至说可能要做一个小手术。医生给威尔开了很多止痛药和安眠药，剂量足以让他昏迷好几周。经过一周半的休息，威尔的膝盖彻底康复，他只吃了大约 1/4 的处方药。

威尔的经历并不罕见。2015 年，在一项针对 435 名急诊科医生的调查中，85% 以上的医生承认，尽管知道检查结果无益于治疗方案的选择，他们还是会要求患者进行许多检查。[7] 为什么医生经常安排不必要的检查和治疗？因为他们受到"按次收费"（FFS）制度的激励。该制度规定，医护人员根据他们提供的服务的次数而非诊疗结果获得报酬。患者做的检查、手术和扫描越多，医生的收入就越高。这种制度激励医生提供过度治疗和服务,即使它们对患者毫无益处。

20世纪60年代中期,美国引入了医保制度,"按次收费"就始于那个时期,至今仍是主要的医疗薪酬模式,占初级医疗业务收入的90%以上。[8] 医生经常对威尔这类患者说:"为什么不做个心电图,看看有没有问题?"在"按次收费"制度下,医生和医院从患者的各项检查中获利——事实上,是大赚一笔。美国国家医学院估计,美国医疗业每年在不必要的手术上浪费7 650亿美元,约占每年医疗支出的1/4。[9] 尽管"按次收费"并非过度治疗的唯一原因,但它确实造成了浪费。在其激励下,医生往往会忽略简单方案,选择可直接获利的更复杂、更昂贵的可用方案。美国人均医保支出约为其他富裕国家的两倍,这种激励结构正是原因之一,但巨额支出的结果却不尽如人意。[10] 数量有了,质量却不达标。

"按次收费"和过度治疗能延续下来,有一个原因是保险公司承担了大部分费用。最近,我女儿做了个手术,账单是6.4万美元。幸运的是,我的大学医保支付了大部分费用,自费部分仅250美元,保险公司的所有投保人分摊了其余费用。我女儿住的是单人病房,这当然很好,但如果能便宜几千美元,我们可能会让她与其他患者同住。有这样的保险,我们很幸运。在申请破产的美国人中,2/3的人认为医疗问题是导致他们破产的关键因素。[11] 支付全额医疗费的患者可能会像采购大件那样货比三家,但系统通常不提供这种选择。打个比方,如果我们想重新装修房子,可能会考察几家承包商,选择性价比最高的一家。然而,如果有第三方(比如保险公司)愿意支付装修费,我们花在考察上的时间就没那么多。同样,当能用保险支付医疗费时,我们通常不会过多关注价格,一心只想得到最好的治疗。人们往往认为,更多的治疗等于更好的治疗,事实并非如此。

思考一下简和阿什利的例子。她们都是即将分娩的健康产妇。简去了当地医院,和她的医生交流最佳分娩方法。医生告诉简,他们必须分析风险,尤其要对胎心进行追踪检查,确定是否适合自然分娩。分析后,医生得出结论,胎心追踪显示可能有异常,强烈建议简剖宫产。

阿什利在另一家医院咨询她的医生。医生也建议进行胎心追踪检查,以判断自然分娩是否安全。分析后的结果与简的情况相同:胎心追踪显示可能有异常。但医生的结论截然不同。她向阿什利解释了情况,推荐她在增加胎心监测的条件下自然分娩。

虽然剖宫产可以降低新生儿的产伤风险,而且有时在产妇出现前置胎盘和脐带脱垂等危及生命的情况下也是可取的,但自然分娩通常是首选。[12] 平均而言,剖宫产的产妇死亡概率更高,失血更多,感染概率更大,还会给以后的分娩带来更多问题,恢复期也更长。[13]

为什么简的医生建议她剖宫产?原来,每做一台剖宫产手术,简的医生都能获得丰厚的报酬。而对阿什利的医生来说,相较于自然分娩,剖宫产不能给她带来额外收入。这不一定说明医生漠视患者的健康，他们可能会自欺欺人地相信他们的建议符合患者的最佳利益，关于这一点我们将在后续章节中探讨。据统计，受到激励的医生可以从每台剖宫产手术中多赚几百美元。剖宫产对医院也有经济意义，医院可以从每台手术中多赚几千美元。[14] 在这种薪酬结构下，除了医生的个人激励，医院还会自上而下施加额外压力，促使医生向产妇推荐剖宫产。

虽然剖宫产与自然分娩的基本手术费差不多，但剖宫产对医生的补贴通常更多。研究表明，补贴差异对剖宫产的采用具有很强的正效应。[15] 换言之，剖宫产和自然分娩的补贴费差额越大，医生推荐剖宫产的可能性就越大。为了说明这一观点，图4-2的博弈树绘制了医生决策的简化过程。请注意，这里采用的是极端情况，忽略了患者的成本和收益因素。

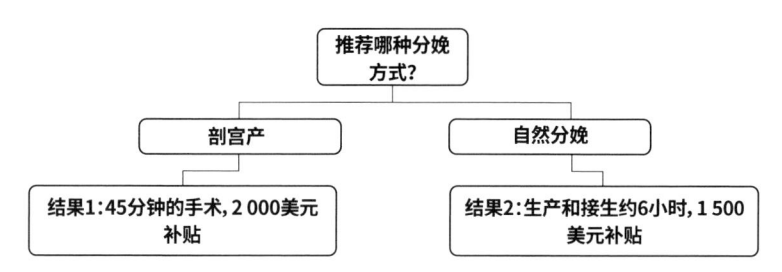

```
                    ┌──────────────┐
                    │ 推荐哪种分娩  │
                    │    方式？    │
                    └──────┬───────┘
                    ┌──────┴──────┐
              ┌─────┴─────┐  ┌────┴─────┐
              │  剖宫产   │  │ 自然分娩 │
              └─────┬─────┘  └────┬─────┘
        ┌───────────┴──┐    ┌─────┴──────────────┐
        │结果1:45分钟的│    │结果2:生产和接生约6  │
        │手术,2 000美元│    │小时,1 500美元补贴   │
        │    补贴      │    │                    │
        └──────────────┘    └────────────────────┘
```

受到经济激励的医生推荐的分娩方式：医生的效用。结果1时间短，报酬高→选择结果1。

图4-2 受到经济激励的医生推荐的分娩方式

面对同样的异常结果，简和阿什利的医生做出了完全不同的决定，原因就在于此。只要产妇的情况与正常分娩条件略有出入，简的医生就会推荐更有利可图的剖宫产，并证明其合理性。相反，由于两种分娩方式的补贴一样，阿什利的医生需要更多证据支持剖宫产决定。

简和阿什利的情况基于真实数据。20世纪90年代，1/5的婴儿通过剖宫产分娩，如今这个比例激增到1/3。[16]如果医生做出的是有理有据的客观和知情决定，剖宫产本身并不是问题，但许多医生的决定都受到经济激励和体制压力的影响。

除了经济激励，医生的决定也受患者知识的影响。假设简虽然受过教育，但对分娩几乎一无所知，而阿什利是一名医生，具备做出独立判断所需的医学知识。医生产妇和其他产妇会被区别对待吗？这正是最近一项研究的主题。答案是肯定的：医生产妇接受不必要的剖宫产可能性更小。总体而言，她们接受剖宫产的可能性比普通产妇低7.5%。[17]

患者的知识与经济激励之间相互影响。在实施剖宫产经济激励的医院，简这种普通产妇（不是医生）的剖宫产率更高。医生产妇的情况怎样？虽然医生通常可以通过推荐剖宫产获得经济利益，但向具备医学知识的产妇提出不必要的建议，会引起产妇的不满。根据这一推理，阿什利这种医生产妇不会受医院激励机制的影响。这表明，受激励的医生会向缺乏相关知识的产妇推荐剖宫产，但不会向医生产妇推荐，产妇的知识是有效的平衡器。

基于患者知识的治疗差异也会导致其他重大后果。相较于非医生产妇及其婴儿，医生产妇及其婴儿的发病率更低，使用的医院资源更少。后者的住院费更低，恢复时间更短，进行胎头吸引术的可能性更小。如果所有产妇都像学识渊博的医生那样被对待，剖宫产率会降低，住院费会减少20亿美元。然而，现实并非如此，大多数产妇仍可能承受过度治疗的压力。

"按次收费"导致的另一个重要问题是，医疗部门在预防疾病或伤害方面没有投资动力。我们知道，疾病预防有较高的投资收益率。本·富兰克林曾说："一盎司①的预防胜过一磅②的治疗。"贝拉克·奥巴马称："我们在预防和公共医疗方面的投入太少了。"[18] 据估计，每年有90万人死于可预防的疾病，几乎占美国年死亡率的40%。[19] 但没有任何激励措施促使医生或医院帮助我们做好疾病预防，从而保持身体健康；当我们生病时，医疗费却高得惊人！

维维安·李的新书《长期修复：采用对所有人都有效的策略解决美国医疗危机》(The Long Fix: Solving America's Health Care Crisis with Strategies That Work for Everyone) 提供了一些好例子。尚卡尔·韦丹坦在其播客《隐

---

① 1盎司≈28.35克。——编者注
② 1磅≈0.45千克。——编者注

藏的大脑》中讲过这本书。[20]该播客强调,"按次收费"是医疗失误的主要原因,医疗失误是过度诊断和过度治疗等行为的后果。这是关注治疗数量而损害质量的典型案例。李举了一个头痛患者的例子。医生有99.9%的把握相信患者是普通头痛,这种头痛会自行消失。患脑瘤的概率很低,但它确实存在。在欧洲,医生会开一些药,让患者继续观察。但在美国,医生担心被起诉,加之患者家属忧心忡忡,患者会被送去做脑部磁共振成像。医院和医生多赚了几千美元,结局皆大欢喜。但这种检查是有代价的,例如,不确定的诊断结果可能会让患者接受不必要的手术。

我们如何才能减少医疗系统的利益冲突和不成比例的经济补贴现象?有几种不同的激励方案可供选择。例如,按医生接诊的患者人数计酬的"人头模式"。这一制度激励医务人员为患者提供保健服务。[21]有些保险公司深谙其道。美国哈门那公司是世界上最大的医疗保健服务公司之一,在我与该公司合作期间,它为每位被保险人支付固定费用。只要他们身体健康,哈门那公司就能从中获利。因此,我们致力于为被保险人提供预防性医疗服务的激励措施,例如每年接种流感疫苗。另一个预防性医疗的例子适用于再次入院的情况。大部分出院患者会在一个月内再次入院,治疗费极高。我们的研究表明,许多这样的情况可以通过简单且经济有效的治疗来预防。例如,派一名护士到患者家中,确保他们恢复良好且按处方服药。尽管这种模式节约了资源,却在质量和数量之间制造了另一种权衡。为了最大限度地增加患者总数，医生会将每位患者的接诊时间减至最少，而不是尽其所能提供治疗。

还有一个方案是给医生发放固定月薪，不提供额外激励。这种模式减少了医生过度治疗或治疗不足的现象，但这种模式让医生缺乏努力工作的经济动力。这与出租车司机按小时计酬的情况类似，医生会做一天和尚撞一天钟。

另一种激励模式是绩效工资制，医生的薪酬基于指标驱动的结果、医术和患者满意度。相较于其他模型，绩效工资制虽然更复杂，但数据表明，以基于价值的重要标准来激励医生，有助于杜绝数量与质量的权衡，提高患者的总体满意度。[22] 在分娩的例子中，医生现在的动机是，为每位产妇量身定制分娩方案，最大限度地提高指标驱动的结果和患者满意度，而不是选择最方便、最有利可图的方案。

目前，通过在医务人员中推行绩效工资计划，美国医疗业正逐步转向基于价值的医疗。尽管大多数医院仍"按次收费"，但绩效工资计划让许多医院开始关注之前的非激励因素。

教训很明显：激励可能影响生死。我们要一以贯之，通过增加激励维度来控制潜在的质量损失，比如为网约车应用程序增加评分系统，或者在医院薪酬设计中增加结果指标。这会传递出一个信号：在关注数量的同时，质量也至关重要，从而解决了混合信号的问题。

作为总结，我们来听一位经济学教授分享的故事。他曾使用激励来塑造孩子的行为。在女儿学习如厕时,他实施了激励方案:每次上完厕所,女儿都会得到一颗糖。几年后,她弟弟开始学习如厕,教授制定了新的激励方案:每次帮弟弟上厕所,女儿都会得到奖励。路都走不稳的女儿学会了耍花招。她是怎么做的?用她的话来说:"我发现,喝得多尿得多,所以我不停地给弟弟喂水。"[23]

> **要　点**
>
> 如果激励数量,你要确保质量不会受到影响。

第五章

鼓励创新,却惩罚失败

CHAPTER 5

> 一个从不犯错的人,也从不尝试新事物。
>
> ——阿尔伯特·爱因斯坦

托马斯·爱迪生为寻找适用于灯泡的灯丝而付出不懈的努力,这令人深受鼓舞。在尝试了2 000多种不同的材料后,他的助手抱怨说:"我们所有的努力都白费了。什么都没学到,我们甚至不知道自己会不会正确使用电。"[1]爱迪生的回答表明,他们的失败是有收获的:"哦,我们探索了很多,也学到了很多。我们知道有2 000多种元素无法用来制造合格的灯泡。"故事的结局尽人皆知。爱迪生说:"在成功之前,我尝试了6 000多种植物纤维,在世界各地寻找最合适的灯丝材料……为发明电灯,我殚精竭虑地进行了大量研究,做了许多精心设计的实验。我从未气馁,也从未失去成功的信心。我不能说我所有的同事也是这样想的。"[2]

对许多公司来说，成功取决于创新，而创新需要一定程度的冒险，这种冒险伴随着不可避免的失败。成功的公司通过推出深受市场欢迎的新产品或新服务来实现创新，它们承担的风险最终是值得的。一次尝试的成功足以弥补其他尝试的失败。成功公司与失败公司的区别在于，它们如何应对失败和创意落空的情况。

公司鼓励员工创新，却在新方法失败时惩罚他们（例如，推迟晋升），这传递了一个混合信号。惩罚失败会阻止人们冒险，扼杀新想法。更糟糕的是，人们会尽力掩盖失败，进而削弱从失败中学习的能力。接受错误、惩前毖后的文化将带来更多的冒险和失败，但最终会获得更多成功。培养一种鼓励探索、包容奇思妙想的文化氛围，终将得到回报。

说起来容易做起来难。创造一种高绩效、成就驱动、力争上游的环境，同时还能让人开诚布公地进行自我批评，是一种挑战。但请记住，在这种文化中，大家都觉得承认失败没什么大不了，自然就减少了对失败的恐惧，大胆创新将成为主流。最糟糕的情况不过是承认自己的想法行不通，其他人会提出新方法，让过去的失败成为未来成功的基石。

组织可以通过实践和努力，成功创建这种独特的文化。以色列空军（IAF）就是一个例子。它鼓励创新，不惩罚失败，确保不会传递混合信号。IAF飞行员在受训伊始就被教导，从错误中吸取教训对防止未来发生类似事件至关重要。思考一个"未遂事故"的案例——一个差点儿酿成事故的案例，比如两架战斗机在飞行中险些相撞。IAF会像处理真实事故一样处理这类情况。飞行员了解到，事故和"未遂事故"的区别往往只是运气。通过严肃认真、开诚布公地对待错误，IAF的飞行员不断进步，学会避免重蹈覆辙。为了提高学习效率，飞行员需要敞开心扉，分享自己的错误，即使那些错误并未被指挥官发现。

我们举一个具体案例：1973年赎罪日战争期间IAF的高风险行动。两个F-4战斗机编队起飞执行非常重要的作战任务——袭击位于大马士革的叙利亚总部，这项任务对阻止叙利亚军队至关重要。每个编队由4架战斗机组成，队长是经验丰富的飞行员。当天的天气碰巧（或不巧）不适合空袭。云层覆盖了整个战区，战斗机只能在云层下方或上方飞行。如果在云层下飞行，飞行员能看到目标，但地面上的人也容易发现他们，他们就成了活靶子。如果在云层上飞行，飞行员更安全，但无法发现目标的位置。一位队长观察了天气，认为两种选择都不好，于是放弃任务返航。另一位队长决定在云层上飞行，寻找目标上方云层微散的时机，攻击并摧毁目标。指挥官在听取汇报时称赞了两位队长，说这两个决定都正确。他的信息很明确：领导者可以自主决定，不必担心失败的惩罚。

当然，并非所有失败或错误都会受到鼓励，事实也不应该这样——有些错误无益于任何组织，比如因恶意、疏忽或经验能力的欠缺而导致的错误。受到鼓励的是那些检验新想法和新方向的冒险。尽管新方向看似有误，但结果可能证明探索是值得的。

创新伴随着高失败率，降低失败率并不总是有效的策略。在《天才的起源》（Origins of Genius）一书中，迪安·基思·西蒙顿称，创造力最强的人失败次数最多，因为他们尝试的想法最多。[3]富有创造力的天才并不比普通人拥有更高的成功率，他们只是做了更多尝试。组织心理学家鲍勃·萨顿建议，公司不应惩罚失败，而应惩罚不作为。

> 最有创造力的人和公司失败率并不低，与竞争对手相比，他们失败更快、成本更低，或许从挫折中吸取的教训也更多。这种失败最大的障碍是，一旦人们对某一行动做出公开承诺，并为此投入大量的时间和精力，他们就会相信手头的工作至关重要，无论事实是否如此……解决方法是提供激励，尽早终止失败项目。[4]

默克公司的研发主管彼得·金在上任伊始就重视该想法的实现，为公司引入了"项目终止费"。[5]他一到公司就注意到，为了逃避失败及可能的后果，许多科学家会一意孤行、执迷不悟。为减少这种代价高昂的行为，金向及时终止失败项目并转向新创意的科学家发放奖金。金以全新的角度理解激励机制，解决了混合信号问题：奖励而非惩罚失败。基于同样的道理，门洛创新公司将"更快地犯错"作为企业文化的一部分。他们深知创新免不了犯错,因而鼓励员工尝试新想法,奖励快速失败。

在TED演讲中,字母表公司的"X"研发部主管阿斯特罗·特勒讲述了团队的许多失败创意。他为此自豪,也为团队能及时止损而自豪:

> 你不能扯着嗓门逼迫人们快速失败,那会引发抵触。他们会担心:"如果我失败了会怎样?别人会嘲笑我吗?我会被解雇吗?"……鼓励人们从事高风险工作的唯一方法是,让这条路成为阻力最小的路。在X部门,我们努力工作……确保失败的安全性。一旦出现失败的证据,团队就会推翻自己的创意,因为他们会获得奖励,赢得同事的掌声。经理,尤其是我会与他们拥抱、击掌。他们因及时止损而升职加薪。小到两个人的团队,大到30人的团队,只要及时终止失败,每个人就会获得奖励。[6]

的确,特勒团队的大多数项目都失败了,但这种奖励快速失败的文化引发了令人振奋的成功,比如早期的自动驾驶汽车项目。其他公司纷纷学习效仿。例如,印度巨头塔塔集团追求创新,深知创新有助于企业发展。董事长拉坦·塔塔在退休前为最有价值的失败创新设立了"勇于尝试"奖,称"失败是一座金矿"。他传递了一个信号,即在追求创新的过程中，无论成败，都应得到奖励。[7]

不创新的代价

某些商业巨头因思想过于保守而一败涂地。逃避改革、惧怕失败，会导致企业发展停滞不前，最终被无情地淘汰，百视达从行业霸主走向破产就是很好的例证。百视达由大卫·库克于1985年创立，之后迅速发展成美国最大的家庭影视连锁店，主导了影像租赁市场。[8] 20世纪90年代末，该公司的市值达到30亿美元，在美国拥有超过9 000家租赁店。除了租赁费，这个DVD（数字通用光盘）巨头的主要收入来自用户的滞纳金。在鼎盛时期，百视达每年从6 500万注册用户那里收取的滞纳金高达8亿美元。[9]这自然让厌恶惩罚的用户颇为恼火，有时甚至是怒不可遏。网飞创始人里德·哈斯廷斯就是其中之一。

在被百视达收取了40美元的滞纳金后，愤怒的哈斯廷斯决定于1997年创办自己的影片租赁公司。凭借新的数字化平台和订阅商业模式，网飞迅速发展壮大：用户每月只需支付20美元就可以租赁无限量的电影DVD，没有归还期限或滞纳金；每次寄回，用户会收到新的DVD。2000年，网飞在线平台取得了初步成功。哈斯廷斯飞往达拉斯，与百视达洽谈合作事宜。他提议由网飞运营百视达的线上业务，作为交换，百视达要在其门店推广网飞的服务。时任百视达首席执行官约翰·安蒂奥科对此嗤之以鼻,拒绝了哈斯廷斯。如你所知,他没有笑到最后。[10]

接下来的事众所周知。2007 年,网飞拥有了数百万注册用户,因无须建立零售网点而积累了巨额资金,开始创新其在线平台,整合革命性的流媒体服务,并最终于 21 世纪第二个 10 年初将其业务扩展到世界各地。[11] 2009 年,网飞的营业额达到 1.16 亿美元,百视达则亏损 5.16 亿美元。在经历了痛苦的煎熬之后,百视达零售店纷纷关闭,最后只剩下一家。

百视达为什么会转型失败?有时,最大的敌人正是眼前的成功。当网飞从 DVD 租赁转向创新领域的开发时,百视达仍坚持其有利可图但日薄西山的模式。百视达尝试了各种策略来挽救败局,但大多数策略都只是在规避风险,无关痛痒。百视达不是没有转型和精简的机会,但公司董事会过于惧怕失败。董事会成员收到的信号是,他们应该找到一种维系传统模式的方法,他们没有改变的动力。在拒绝网飞收购要约的几年后,首席执行官安蒂奥科意识到网飞构成的巨大威胁。他试图说服董事会终止收取滞纳金的商业模式,大力投资在线平台,以满足新一代用户对数字服务的需求。然而,公司董事会被当时仍然可观的利润蒙蔽了双眼,避开了成本高昂的转型之路。

百视达董事长吉姆·凯斯是反对转型的主要人物。他强调,转型计划将耗资 2 亿美元,终止滞纳金模式又会减少 2

亿美元的收入。董事会听信凯斯的负面预估，否定了安蒂奥科的发展愿景，最终于 2005 年将其解雇。安蒂奥科被解雇在很大程度上是因为他提出了创新性改革方案，该方案与百视达的运作方式有天壤之别。凯斯接任新的首席执行官，为提高短期利润，他扭转了安蒂奥科为挽救公司所做的最后努力。百视达在看似安全的计划中停滞不前，几年后宣布破产。

不要回头

有些公司惧怕可能的失败，有些公司则表现出非凡的创业精神和灵活性。20 世纪 70 年代，英国商业巨头理查德·布兰森爵士创立了维珍品牌，此后维珍集团陆续创办了 400 多家公司。20 世纪 80 年代，维珍迅速发展，布兰森从未停止过冒险。他在不同的领域大胆尝试：从维珍传媒到维珍移动，从维珍化妆品到维珍服装，从维珍航空到维珍汽车，集团业务不胜枚举。[12]

有些尝试失败了。例如，1994 年，一位汽水生产商带着自制汽水来见布兰森。布兰森很喜欢它的味道，将其与可口可乐、百事可乐一起带到孩子的学校进行盲测，结果这款汽水以绝对优势胜出。布兰森决定推出维珍可乐，进军汽水行业。如同大卫与歌利亚（可口可乐和百事可乐）之战，维珍可乐很快赢得了英国消费者的青睐。同年，布兰森乘势而上，在美国推出维珍可乐，并利用他在时代广场驾驶坦克碾轧可口可乐的特技镜头吸引了媒体的关注。然而，行业巨头开始反击，维珍的势头并没有持续多久，维珍可乐开始从世界各地零售商店的货架上消失。原来，为了阻止维珍可乐的推广，可口可乐为零售商提供了"无法拒绝的报价"。面对毁灭性报复，布兰森很快宣布维珍可乐退出市场。尽管损失惨重，消费者也与一款好喝的汽水失之交臂，但可口可乐的蓄意破坏和维珍可乐的失败并没有让布兰森一蹶不振，他乐观地从这次探索中吸取宝贵的教训。他说，这段经历教会他"只做明显优于所有竞争对手的生意"。他称自己是"全力以赴争取成功"的人，然而，一旦意识到"这事儿没戏，第二天（他）就会将其抛在脑后"，投入下一个创业项目。[13]

布兰森从未停止创新，失败只会激励他寻找新机遇。当被问及如何保持经久不衰的创业精神时，布兰森说这要归功于他的母亲。他从母亲那里学到，不要将太多时间浪费在懊悔上。他表示，自己和团队从不因错误和失败心灰意冷。"相反，即使创业失败也会努力寻找机会，看看能否利用市场的另一处空白。"[14] 这种冒险精神已渗透到公司的各个层面，根植于员工的心中，形成了勇于创新、健康向上的企业文化。

如果想鼓励创新，你就要激励你的团队去冒险。这意味着团队可能会遭遇失败，甚至是接二连三的失败，但是没关系。不要既鼓励团队冒险，又惩罚失败——这将导致创新枯竭，造成更多的资源浪费，因为人们会在大量不利证据面前继续推行其创意。信号要响亮而明确：鼓励冒险，奖励失败。

> **要 点**
>
> 如果想鼓励创新和冒险，就不要通过惩罚失败来传递混合信号——要给予奖励！

第六章

鼓励长期目标，却奖励短期成果

消除竞争、提高价格是经济学课程中的策略。消费者不欣赏这种行为，而且它还可能是非法的，比如下面的例子。2012年6月，产品点评平台Bazaarvoice收购了同类平台PowerReviews，Bazaarvoice股价因此一路飙升，突破每股20美元，高管变现了9 000万美元股票。[1] Bazaarvoice为什么要购买PowerReviews？为了灭掉竞争对手。"Bazaarvoice是美国占主导地位的产品评级和评论平台的商业供应商，PowerReviews是其最有力的竞争对手。在收购之前，PowerReviews采取了激进的价格策略，Bazaarvoice一直被迫回应竞争压力。许多零售商和制造商因两家公司的竞争获得了大量价格折扣……Bazaarvoice想通过收购来遏制竞争。"然而，辉煌的日子并没有持续多久。2013年1月，美国司法部发起反垄断诉讼，迫使Bazaarvoice出售PowerReviews，这导致其股价跌破每股7美元，股东损失惨重。[2]

Bazaarvoice的高管是否被严重误导，完全没料到会被起诉？显然不是。他们预料到了，但选择了冒险。诉讼引用了公司的内部文件，公司高管在文件中描述了PowerReviews在市场中的角色，清楚地表明他们了解风险。

既然不是出于无知，高管为何要这么做？他们嗅到了金钱的味道，确切地说是9 000万美元。尽管了解并购对公司造成的长期后果，但他们还是选择了短期利益。

想象一下，股东正在为公司招聘新的首席执行官。在决定聘用她时，他们向她传达了经营目标，强调了公司长期成功的重要性。虽然相信她的能力，但股东们也想通过激励让她表现得更出色，于是规定其大部分报酬来自公司股权，忽略了股权可能基于短期业绩的事实。

在这种激励下，新任首席执行官专注于短期结果（一种"短期主义"行为）就不足为奇了。她可能会将资源从短期看不到回报的事情上转移出去。比如，将产品运输外包出去。投资自己的运输队以提高运营效率可能有利可图，但会造成短期损失，只在长期状态下才会盈利。既然如此，她为何还要冒着失去工作和奖金的风险投资新的运输队？为了提高短期利润，她不会投资于增加当前成本但能提高远期绩效的新技术，而是以公司的长期成功为代价，做出有助于实现短期利润目标的决定。

有证据支持短期主义的存在：收到混合信号的高管表示，

如果创造长期价值的项目有损短期收益，他们会推迟或舍弃该项目。[3] Bazaarvoice 的例子表明，短期主义也可能影响公司承担的风险。最近，一篇论文进一步说明了对首席执行官采取短期激励导致的问题。文章指出，在下一季度授予首席执行官股权的策略（例如，让他们明年完全拥有公司股份）就是一种短期激励。作者表明，短期激励与投资减少显著相关。股权授予前后的两个季度，股票收益率较高，但在接下来的几年里则较低。换言之，首席执行官按短期激励行事，做出目光短浅的决定，扼杀了公司的长期成功。[4]

在某些情况下，如果公司股票连续几个季度表现低迷，首席执行官就会被换掉。在激励机制下，首席执行官宣称投资于未来（这是股东希望听到的），实际上却只盯着眼前的利益，因为他们不想丢了饭碗。作为一名激励设计师，你必须构建首席执行官激励机制，强调你既关注短期收益也关注长期成功。让首席执行官目光长远的一个方法是对其股权实行长期托管。[5] 托管是指在预定责任履行之前，由第三方代表当事人双方持有资产的过程。就公司管理层而言，第三方托管可以确保以股权作为奖励的高管在责任期限之后才能出售股票。[6] 美国机构投资者委员会（CII）建议：

> 为构建长期股东价值，促进长期战略思维，高管的薪酬设计应起到吸引、留住和激励高管人才的作用。CII 认为"长期"至少是 5 年。高管的薪酬应与公司所有者

的长期回报相匹配。合理的方法是，在有利于公司长期股东回报的前提下，基于宽泛的绩效衡量标准对高管实施奖励。

限制性股票的授予条件基于时间，具有延长属性。例如，5年后开始授予，10年后完全授予（包括终止雇佣关系后）。对某些公司来说，侧重于授予这类股票可以保持风险和报酬的适当平衡，促使股东和高管齐心协力、同舟共济。[7]

该建议的目标是降低短期结果相对于长期结果的权重。限制性股票能确保高管像股东一样，不以狭隘的眼光看待短期业绩，而是评估长期业绩的好坏。

延长任期

协调股东和首席执行官目标的另一种方法是延长固定任期——这减轻了首席执行官在公司短期表现不佳时被替换的担忧。短期任期引发的问题在政治领域尤为突出。任期时长影响长期策略。思考一个案例，一位州长面临着是否投资基础设施建设的决定，比如建造新桥梁或新火车。从长远看，它能预防事故的发生，甚至带来丰厚的利润——新火车能将游客和他们的钱包带入商业区。但州长有自己的短期激励：

他希望赢得几年后的下一届选举。他明白，连任失败很可能意味着政治生涯的终结，因此有很强的动机为连任采取行动。在这种强烈的短期激励下，州长为什么要投资至少10年才能看到效益的新火车？为了建造火车，州长必须从短期项目中转移资源，甚至可能增加税收。这些政策不仅有违民意，还会破坏连任机会。更为不公的是，新火车可能在离任后才能建成，继任者将坐享其成。

我们该如何解决向政治家传递混合信号的问题？方案似乎很简单：取消任期限制。放下4年再选的顾虑，确信能收获工作成果，这样州长就会集中精力投资未来。然而，延长任期在政治领域可能并非良策，其成本或许高于短期任期的成本。尽管4年任期制激励了短期目标，但相较于固定任期，我更愿意选择前者，它意味着我们生活在民主国家，一个领导人必须对选民负责。

抛开政治不谈，通过延长任期激励长期成功的成本通常并不高。考虑一下篮球教练选择参赛队员的例子。是让最有价值的球员上场，还是将机会留给初露头角但缺乏经验的年轻球员？让年轻球员上场可能会减少球队当前的成功机会，但能让他们获得必要的经验。如果处于赛季中期，教练是否被解雇取决于前几场比赛，他们可能会选择稳妥的策略，让经验丰富的球员上场。如果教练知道其职位在第一个赛季是有保障的，他们就会投入更多精力提高球队的整体水平。从长远看，这些努力可能会得到回报。

为考而教

除了商界和政界，短期激励普遍存在于各个领域，也影响着公立学校系统的课堂教学。公立学校的教师薪酬历来根据经验、教学水平和资历而定。然而，近年来，另一种激励结构引发了众议，被许多学校采纳，那就是绩效工资——教师的工资和奖金与学生的学业挂钩。[8]

在"教师激励基金项目"（资助绩效计划的联邦政府拨款项目）的推动下，过去10年，至少20个州实行了某种形式的教师绩效工资制，这一数字还在不断增长。[9] 项目基金在短短一年内增长了4倍多，从2009年的9 700万美元增至2010年的4.87亿美元。[10] 在接下来的10年里，年度基金规模始终为数亿美元，2016年为2.25亿美元。[11]

《不让一个孩子掉队》法案进一步推动了绩效制度。2002年，该法案引入了教育标准化改革，要求各州建立学生评估体系，例如通过年度全国标准化考试评估与学业状况报告获得联邦政府的教育资助。如果没有达到联邦政府要求的改善标准，学校就可能面临资金削减和教师降薪等惩罚。[12] 贫困的公立学校资金本就不足，该举措会造成极大的影响；削减资金可能引发连锁效应，导致相关学校更差的学业水平，继而在之后几年被削减更多的资金。绩效工资激励结构的风险这么大，它能发挥作用吗？我们的直觉是，为鼓励教师更努力地工作，淘汰不合格人选，奖励优秀教师是理所应当的。

如此一来，学校就可以吸引更上进的教师，从长远看，学生成绩也会更好。

问题出在细节上。为了使薪酬与学业挂钩，学校需要客观的绩效考评标准。以标准化考试衡量学业，给教师设定了"应试教育"的短期目标。我们真的希望教师竭尽全力，只为教学生通过标准化考试吗？过分强调考试会对学生的长期学业造成诸多负面影响。偏重于应试的课程会缩小知识面和技能范围，从而牺牲了学生对知识的全面理解，更无法引导学生享受学习。

美国公立学校教师雷切尔·塔斯廷表示，一学年中有数周都在进行标准化考试。在此期间，宝贵的教学日被考试指导、准备和复习占用。作为副科老师，她必须牺牲自己的教学来为数学、阅读或写作这些客观可量化的科目腾出时间，这是"不得不接受的严酷现实"。[13] 有这种感受的并不只是塔斯廷。根据美国教育政策中心 2016 年的报告，81% 的教师认为学生在标准化考试上耗费了太多时间。为了及时完成教学任务，许多教师不得不"只讲干货"，取消了有助于学生理解学习内容的互动环节。[14] 由于时间紧迫，教师无法为学生提供创造和参与的空间。课程趋于速成、简化和枯燥，严重扼杀了学生的学习兴趣。

将这种千篇一律的教学风格与芬兰的自由教育方式进行对比：芬兰教师可以定制自己的课程计划，选择自己的教材。他们不需要参加标准化考试，拥有充分的创造自由。如果不进行标准化考试，教师的工资就与学生的学业无关，芬兰一直在PISA（国际学生评估项目）中名列前茅。PISA是在57个发达国家中进行的面向高中生的国际考试，美国学生一直努力在这项评估中获得高分（我们将在第十三章探讨PISA的问题）。芬兰教育体制的成功表明，强制性考试的长期压力和投入，并没有使美国学生的成绩优于其他国家。除了考试成绩优异，芬兰学生的高中辍学率也很低（不足1%，而美国约为25%）。[15]

在教师和学校中实施激励的争论主要围绕以下两方面展开：支持者认为，对教育工作者进行激励很重要，这种激励是有效的；反对者认为，短期激励成本不利于教育的长期目标，因为绩效工资向教师传递了混合信号。它在学生的学习过程中添加了金钱因素。很多教师的驱动力来自内在价值观（比如促进学生成长），但现有的激励结构传递了一个潜在的有害信息：应该追求短期的好成绩，而不是长期目标。

决策方案的选择范围很广，并非只有简单地考察激励效果，这场争论就是一个很好的例子。不同的人可能有不同的价值观。经济学家的目标是运用经济推理，搜集各个系统运行情况的数据。在《隐性动机》一书中，我和约翰·李斯特探讨了一些旨在为决策者提供信息的实验。[16] 重要的是，实验可以确定，在不同的社区中哪种激励和信号有效，一刀切不适合所有情况。经济学家可以解释短期目标和长期目标之间的权衡，决策者应根据这些权衡和实验数据做出决定，了解各个系统的优缺点。

如果想鼓励长期目标,你就要确保短期激励不占太大权重。只要激励措施符合长期目标,即使短期没有取得多大成功也不必担心。不要告诉你的团队成员关注长期目标,却在短期结果不理想时惩罚他们。确保你的激励时间线与最终目标一致。

> **要　点**
>
> 如果想鼓励长期成功,就不要只激励短期成果。

第七章

鼓励团队合作，却激励个人成功

CHAPTER 7

明星的诞生

在 2010 年的一次采访中，脸书创始人马克·扎克伯格谈到以 4 700 万美元收购 FriendFeed 的事。FriendFeed 是一家社交聚合服务公司，利用社交网络寻找与用户相关的信息。相对于其产品，收购价格似乎过高，扎克伯格想收入囊中的其实是 FriendFeed 的员工。当被问及收购价为何如此之高时，扎克伯格说："表现杰出的员工比表现相当不错的员工不只是好一点儿……而是好 100 倍。"网景等公司的联合创始人、硅谷知名风险投资家马克·安德森也赞同扎克伯格的观点："在成事能力方面，高产员工与普通员工的差距越来越大。5 个出色的程序员完全可以胜过 1 000 个平庸的程序员。"[1]

出类拔萃的人才至关重要，美式橄榄球四分卫汤姆·布雷迪就是一个例子。布雷迪为新英格兰爱国者队效力了 20

个赛季，为球队赢得了 6 次超级碗冠军，外加许多其他荣誉。他是公认的有史以来最伟大的球员。[2] 2019 赛季结束时，布雷迪想签订一份长期合同，能让他在新英格兰爱国者队退役，但老板罗伯特·克拉夫特和教练比尔·贝利奇克都只想与这位老球员签订短期合同。[3] 于是，20 个赛季之后，布雷迪离开了世界上最成功的球队，加入坦帕湾海盗队，该队从未被认为是一支强大的 NFL 职业橄榄球大联盟球队，仅在 2002 年获得过一次超级碗冠军，那是布雷迪加入之前很久的事。后面的事尽人皆知：布雷迪加入的第一个赛季就带领球队战胜了堪萨斯城酋长队，赢得了超级碗冠军。如果你对新英格兰爱国者队的后续情况感到好奇，我可以告诉你，布雷迪离开后，它的辉煌不再。

但有时，仅凭明星球员无法力挽狂澜。以足球史上的最佳球员利昂内尔（莱奥）·梅西为例。当时他效力的巴塞罗那足球俱乐部的官网称："莱奥·梅西是世界上最优秀的球员。他技术完美，融合了无私、速度、沉着和进球得分的优势，世界第一的称号当之无愧。"在他的带领下，巴塞罗那足球俱乐部在 16 个赛季中赢得了 20 多个联赛冠军和锦标赛冠军，成为世界上最好的俱乐部之一。梅西也取得了空前的个人成就：他获得的奖项比历史上任何球员都多。[4]

像大多数伟大的足球运动员一样，梅西也作为国家队（阿根廷队）的一员参加世界杯和美洲杯等国际赛事。尽管他在俱乐部中表现出色，但还没有为国家队赢得过一场重大比赛。为什么？他可是顶级的明星球员。2018年，《卫报》发表了一篇文章《梅西陷入窘境，似乎无法融入阿根廷队》，文章说："众所周知，梅西是伟大的球员，但如今他的处境令人困惑和遗憾。作为巴塞罗那队培养的天才球员，他在阿根廷陷入了窘境。是因为缺乏团结或信念吗？梅西似乎无法融入国家队。他们有那么多球技高超的前锋，却不知道如何发挥球员的最佳状态。阿根廷队在苦苦挣扎。是体制的问题，还是缺少某种精神？"[5]

事实证明，有时即使是最伟大的球星，离开了团队也无法获胜。或许，仅仅因为梅西与阿根廷球员擦不出火花。又或许，巴塞罗那足球俱乐部的战略是为他的超级天赋量身打造的，更适合他的球风。也可能两支球队都很优秀，都支持梅西，但梅西在国家队的表现不一样。正如1978年世界杯冠军阿根廷队队长丹尼尔·帕萨雷拉所说："他是一名伟大的球员，任何球队都会因他的加入而受益匪浅。但他为巴塞罗那队效力时态度有所不同，他在那儿表现得更出色。有时，这种事情确实会发生。你为球队尽心尽力，他们也爱你，但你就是不自在，相互之间总有些隔阂。我不清楚那究竟是什么，应该是一种内心感受吧。"[6]

团队与个人

梅西的例子表明，我们不应只关注个人才能。如果组织强调团队合作的重要性却实施个人激励，那会发生什么？个人激励有很多好处：由于回报与个人业绩直接挂钩，人们会更努力地工作；在保持高绩效的同时还能为公司吸引到更好的员工。相较于衡量群体业绩，衡量个人业绩往往更简单、更直接。

如果你想鼓励个人奋斗，实施个人激励没什么不妥。但如果你同时强调团队合作的重要性，混合信号就出现了。员工究竟在意哪个：谈话的要点还是金钱？他们会选择金钱。当团队合作和团队业绩应该成为关注点时，个人激励的缺点可能大于我们刚刚提到的优点。它促使员工专注于自己的业绩，而不是团队的业绩。为提高绩效排名，会出现竞争甚至内斗，这对合作很不利。

如果想鼓励团队合作，你就要使用促使团队实现整体目标的激励机制。精心设计的团队激励措施可以促进员工的合作，增进有效沟通，培养更强的团队意识。思考一下公司内部的"传帮带"。新员工的成功往往取决于从资深同事那里获得的指导的质量。如果组织专注于个人激励，老员工就不太愿意花费宝贵的时间指导新员工。即使他们愿意，个人激励也会传递一个信号，即组织希望他们只关注个人业绩。此外，指导质量可能会受到影响，因为新员工可能会成为自己未来的竞争对手。内部指导的回报通常很高，因此，这种混合信号对组织来说代价很大。如果组织的激励是基于团队业绩，老员工就有动力花时间帮助新员工，并理解这是组织真正追求的目标。

但是，团队激励的效果会因鼓励"搭便车"适得其反。有些团队成员会投机取巧，期望别人来补位。如果这种人太多，团队的整体表现就会变差。对目标的不同贡献可能会加剧团队中的怨恨和紧张情绪，团队目标一旦落空，大家就会互相指责。

个人激励和团队激励之间的适当平衡要视具体情况而定。思考一下团队障碍赛。如果规定冠军选手所在的团队获胜，个人激励在这里就可以发挥作用：你想吸引、留住最好的人才，并给予他们奖励。你还希望团队齐心协力支持速度最快的人，因此，你可能想增加一些团队激励，但它们并非驱动力。

现在，思考这样一场障碍赛：获胜方是率先冲线的整个团队。在这种情况下，胜负取决于团队中最慢的人。比赛以团队为单位，成功取决于团队中最慢的选手能否战胜其他团队最慢的选手。这种竞争要求截然不同的激励措施，激励整个团队帮助最慢而非最快的成员。

此类现象在研发竞赛中屡见不鲜。在某些情况下，需要一个聪明人提出拔得头筹的好点子。在另一些情况下，需要团队合作推进研究的诸多方面，赢得漫长的比赛。

想来点儿刺激？

提到价格竞争，我们想到的是大公司之间为赢得市场份额进行的降价大战。可口可乐和百事可乐的价格战导致软饮料价格的下降。有一类头条总能博取读者的欢心，比如"消费者的好消息：麦当劳、汉堡王和温蒂汉堡之间爆发了价格战"。[7]

在分析大公司时，是应该把它们看作"独立球员"还是一个团队？有时，公司并非其乐融融的大家庭。对于如何定价，公司内部会存在分歧、竞争和冲突。虽然人们经常忽视公司内部组织及其内部利益冲突的可能性，但它们正是组织行为的核心。我和加里·博恩斯坦想深入研究价格战，考察组织结构如何影响其竞争方式以及由此产生的市场价格。[8]

举个例子，一家航空公司想采购新飞机。市场上的两个主要竞争对手是波音737和空客A320。为简单起见，假设航空公司的购买决定完全取决于价格。两个参与者通过降价来竞争，两家公司的首席执行官都想比对方出价更低。

我们可以考虑一个更现实的市场，它包含更复杂的组织，每个组织都由公司联盟组成，每家公司负责生产飞机的不同部件（发动机、航空电子设备等）。公司联盟中的每家公司都独立定价，飞机价格是各公司报价的总和。虽然波音公司联盟中的所有成员有共同利益，即制定有竞争力的价格，赢得与空客的竞争，但每个成员也想最大化自己在集团利润中的份额。比如，波音公司从通用电气公司购买发动机。波音不能将737的发动机换成另一家制造商的产品，这么做不仅成本高，而且浪费时间。因此，通用电气的目标是报价尽可能高，同时又要低到能让波音公司赢得合同。

由于无法用波音和空客做实验，我和加里创建了一个实验室游戏来模拟它们的竞争。我们创建了由团队 A 和团队 B (波音和空客)组成的竞争市场。每个团队由 3 名选手组成(发动机、航空电子设备、零部件)。这些"选手"是参与实验的学生，他们通过自己的决定赚钱。

我们要求选手的定价在 2 美元到 25 美元之间。团队的报价是 3 名选手报价的总和。假设 A 队 1 号选手报价 10 美元，2 号选手报价 15 美元，3 号选手报价 5 美元，A 队的报价就是 10 美元 +15 美元 +5 美元 =30 美元。A 队提交竞争报价。总价较低的团队赢得竞争并获得报酬（在 3 名选手中分配）。在我们的例子中，如果 B 队的总报价低于 30 美元，B 队就赢了；如果高于 30 美元，A 队获胜。两个团队都希望报价尽可能高，只要低于竞争对手即可，以实现盈利最大化。

在 3 名成员之间进行利润分配的方式有两种，这两种方式的对比颇为有趣。在团队激励的情况下，成员平均分配利润，每人得到总利润的 1/3。也就是说，如果 A 队获胜，每位选手获得 10 美元。

在个人激励的情况下，如果团队获胜，每位选手的报酬就是他们自己的报价。也就是说，1 号选手获得 10 美元，2 号选手获得 15 美元，3 号选手获得 5 美元。可以想象，个人激励完全改变了团队内部相互作用的方式。人们预期，价格竞争会导致降价。然而，在个人激励的情况下，每位选手都有机会（实际上是一种诱因）搭便车。如果团队中其他两位选手报出低价，另一位选手就可以报出高价，并且仍有可能获胜。在 A 队的例子中，2 号选手能赚到 15 美元，因为 3 号选手"很友善"，报价较低。但在团队激励的情况下，利润平均分配，没有搭便车的机会。

在这个实验中，我们让选手进行了 100 次游戏，每次与不同的团队一起玩，观察其动态变化。我们的预测是，个人激励方案能够防止价格大幅下跌。的确，这正是我们的发现。100 轮之后，团队激励方案下的均价低于 12 美元，而个人激励方案下的均价达到 30 美元。

这个实验只是一个简单的示范，展现出团队激励或个人激励改变组织内部相互作用的方式。想来点儿刺激？那就对员工进行个人激励，让他们互相竞争。想创造和谐安定、淡泊名利的氛围，那就采用团队激励。无论做出何种选择，都要确保团队内部的激励结构与你的目标一致。

案例研究：体育中的团队激励与个人激励

想象一下，你是职业足球运动员阿莱克西斯·桑切斯，2019 年曼联的前锋。这是本赛季英超联赛（英格兰足球联赛系统的顶级比赛）的第三场比赛。对方的一次协同攻击失败后，你得以控球并快速反击。你快速逼近对方球门。在罚球区外，你面临一个重要决定：绕过两名防守队员，争取自己进球得分（成功概率40%），或者把球传给队友保罗·博格巴，他在15码①外有一个空位（你认为他有60%的进球概率）。

你会怎么做？从球队的角度来看，显然后者更可取，因为进球的可能性更大。桑切斯为什么会犹豫不决？如果所有激励都基于团队成功，选择应该易如反掌。然而，事实并非如此。当时，桑切斯是曼联队收入最高的球员，其合同中的奖金条款规定，每次进球奖励7.5万英镑，每次助攻奖励2万英镑。[9]这种个人激励在球队的整体成功和球员的薪酬之间产生了权衡。对球员来说，尽管传球对球队更有利，但考虑到进球和助攻奖金的差距，自己射门的诱惑力更大。为了更清晰地阐明桑切斯的想法，我们在博弈树中绘制了他的决策过程，详见图7-1。

这种个人激励除了造成相互冲突的动机，还会导致团队内部的分裂。2019年10月，桑切斯和博格巴在球场上就谁该罚点球发生争执。博格巴也是球队的得分王，他的每次进球奖金是5万英镑，每次助攻奖金是2万英镑。了解了激励措施，就明白他们为何都想自己进球。[10]这种分歧不仅存在于球员之间。英国某国家级报纸报道，博格巴和桑切斯的奖金与俱乐部其他球员的奖金差距引发了队友的愤怒和不满。[11]球队的气氛剑拔弩张，队友之间心怀敌意，基于个人合同的

---

① 1码=91.44厘米。——编者注

奖金分配方案产生的后果事与愿违。

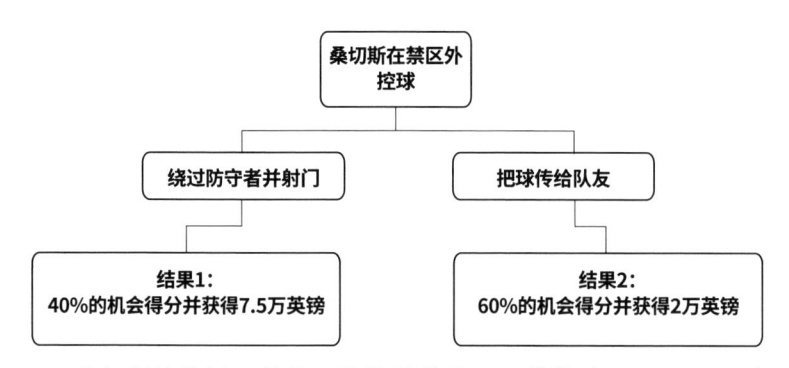

```
           桑切斯在禁区外
              控球
          ┌─────┴─────┐
     绕过防守者并射门    把球传给队友
          │              │
       结果1：         结果2：
  40%的机会得分并获得7.5万英镑   60%的机会得分并获得2万英镑
```

桑切斯的效用。结果 1 的期望值为 3 万英镑（7.5 万 ×40%）。结果 2 的期望值为 1.2 万英镑（2 万 ×60%）。期望值结果 1 ＞结果 2 →桑切斯选择射门。

图 7-1　桑切斯的决策

拼一把

图 7-2　团队激励 vs 个人激励

尽管个别球员的高薪可能会带来负面影响，但曼联一直都在发放巨额进球奖金。我们再列一些数字：俱乐部承诺，罗梅卢·卢卡库在加入的头 4 年里，每赛季进 23 个球将获得 1 000 万英镑的奖金。[12] 仅在 2017 赛季，兹拉坦·伊布拉西莫维奇就获得了超过 369 万英镑的进球奖金，每个进球奖金高达 18.49 万英镑。[13] 曼联并非唯一实行个人奖励的俱乐部，该现象在大俱乐部中普遍存在。

例如，利物浦前锋罗伯托·菲尔米诺 2016 年的合同规定，其进球奖金随本赛季进球数的增加而增加，在达到 16 个进球后，每次进球奖励 8.5 万英镑。[14] 而菲尔米诺贡献的每次助攻奖金为 3.1 万英镑，远低于他在本赛季 5 次进球后的收入。[15]

相比之下，有些俱乐部强调球队的成功而非个人业绩。例如，美国职业足球大联盟（MLS）的合同为球员提供相同的进球或助攻奖金，从而将个人收益与球队成功之间的冲突降至最低。[16] 这种合同传递的信号是：球队和球员的实际目标是一致的。缺点是，进球多的明星球员可能更愿选择高薪奖励个人成功的球队。

体育运动中的激励问题不仅限于足球界，NFL 职业橄榄球大联盟也对球员实施个人激励和团队激励相结合的方法。像足球队一样，橄榄球队的目标很明确：赢得比赛，打进季后赛，在联赛中尽可能取得好名次。但管理层往往认为，团队激励不足以激发球员的积极性，因此许多球员也有基于合同的个人激励，这取决于他们的比赛统计数据，例如码数、每次冲球尝试的码数和触地得分。[17] 巴尔的摩乌鸦队防守球员端特雷尔·萨格斯 2007 年的合同中有一项条款规定，达到擒杀的目标次数，他将获得 550 万美元的巨额奖金。[18] 擒杀是指，在对方四分卫球员进攻传球之前，于攻防线后方将其拦截。这种激励会如何改变萨格斯的比赛方式？他在擒杀对方四分卫时，可能会更冒险，也能抓住更多机会。在球场上表现积极会有回报，但一味寻求擒杀，冒险放弃关键的带球跑并不总是最佳选择。萨格斯最终成功完成规定的擒杀次数，获得数百万美元的奖金，乌鸦队却以糟糕的战绩结束了那个赛季的比赛。[19]

除了基于合同的奖金，NFL 职业橄榄球大联盟球员还会获得另一种形式的个人激励：由联盟发放的绩效奖。在 2019 赛季中，NFL 职业橄榄球大联盟球员获得了总计 1.479 5 亿美元的绩效奖。奖金发放基于球员的指数，该指数来自球员的上场时间与工资的比率。也就是说，球员上场时间越多，或工资越低，奖金就越高。[20] 在这种激励结构下，球员往往带病或带伤上场。对许多球员来说，上场时间就是金钱，花时间康复意味着绩效奖的损失。如果核心球员为了奖金不断牺牲健康，这种个人激励对球队的长期成功就可能弊大于利。

在本章中，我们探讨了团队中个人激励的问题。有必要对球员进行个人激励吗？从长远看，球员会因他们的成功而获得奖励，这既关系到球员的自豪感，也关系到未来基于团队激励的合同。但仅此而已吗？个人激励的代价并不小。管理层向球员传递了一个强信号：你应该为球队的胜利竭尽全力。这个信号完全指向团队合作和团队成功。然而，个人激励传递出截然不同的信号：我们希望你进球。混合信号会产生高昂的代价。

我们讨论的例子表明，选择个人激励还是团队激励取决于工作的性质和期望的结果。在某些情况下，你关注的是"最佳"运动员的表现，那就使用个人激励。但如果决定这么做，你就不要在激励个人贡献的同时宣扬团队合作，从而发出混合信号。如果你关注的是团队努力，激励措施就应与该目标保持一致。

当然，也可以用创造性的方法将二者结合起来。比如，我们将在第十二章讨论特殊奖励，它既鼓励对团队的贡献，也不会打击个人士气（例如"最佳导师奖"）。或者，同时实施个人激励和团队激励——赢得比赛的团队和进球的球员都能获得奖金。

> **要　点**
>
> 保持团队激励和个人激励之间的平衡，确保它与你的目标一致。

激励如何塑造故事

第三部分

激励能传递影响故事的信号，我希望你对此观点已确信无疑。不同的激励框架会让我们赋予故事和行为以不同的意义，行为经济学家和心理学家已发现影响该过程的系统方法。在这一部分，我们将探讨相关的心理规律，以及如何利用它们实现目标。

第八章

风险与错误

CHAPTER 8

我有一个爱好：搜集激励出错的故事。这些趣事表明，人们的创造力超出了我们的认知。在本章中，我将与你分享一些故事。我们会发现，激励设计者不断重复同样的错误——真遗憾，巧妙的激励具有巨大的潜力。

为什么富国银行需要自我重建？

富国银行曾在其品牌营销中搞了一个新花样——发起所谓的"重建"运动。原因很简单，2016年9月，一桩大范围的欺诈丑闻令该银行声誉毁于一旦，罪魁祸首正是旨在提高销售额的不良激励。

1997年，时任首席执行官理查德·科瓦切维奇发起了一项活动，目标是让每位客户平均拥有8种银行产品。超额完成销售任务的员工将获得加薪或晋升奖励。[1] 这似乎是一种直接有效的激励,对吧?错。

销售任务几乎不可能完成,为了保住饭碗,员工只得作弊。2009年到2016年,全美数千名银行员工办理了假信用卡,开设未经授权的账户,并在客户不知情的情况下发售他们不需要的保险产品。当事件被曝光时,假账户数量高达350万,5 300名员工因欺诈行为被解雇。[2]

你能想象这些员工7年来是怎么度过的吗?他们早上来到办公室,喝点儿咖啡,打开计算机,然后……创建并管理一个个假账户!在这种环境下,普通员工很难恪守诚信。

员工为什么要花时间作弊?因为那是老板向他们传递的信号。管理层鼓励甚至保护这种欺诈行为。事发后有报告称,向富国银行道德部门揭露欺诈行为的员工遭到了报复。[3] 银行的官方使命宣言称,道德至关重要,但其激励措施以及对举报的报复传递出了相反的信号。

富国银行为此付出了惨痛的代价。最大的损失是声誉,至今它仍未从打击中恢复过来。如果管理层能认真考虑激励的潜在负面影响,这一切本可以避免。

到底哪个环节出了问题?正如我们在第四章所讨论的,如果为数量设计激励措施,你必须建立一个质量检查机制。这一机制实现了两个目标:其一,惩罚机制的存在使工人生产次品的代价很大;其二,传递出管理层关心质量的信号。在富国银行的案例中,这两个目标本可以通过完善的审计机制来实现，该系统可以发现开设假账户的员工，并对他们进行惩罚。审计和对作弊的惩罚将减少作弊的动机，这种直接效应被称为"威慑"。重要的是，审计系统还会向员工传递信号，即管理层不仅仅是在使命宣言中强调道德的重要性，而且真正重视诚信。投资客户的利益传递出一个强信号：我们关心客户，愿意花钱保护他们。如果银行这么做了，其信号就与官方信息一致，这将改变职场文化。产品和服务的数量会更少，但质量会更高。也就是说，员工开设的账户更少，但这些账户都是真实的，能为银行带来效益。

面对欺诈丑闻，富国银行再三公开道歉，并取消了所有内部激励方案。我听说此后整个银行业都禁止使用激励方案，但这种过度反应的代价很大。为平衡奖励数量的激励措施，一开始就应该引入正确的审计机制，传递出正确的信号，以避免陷入失败的泥潭。

罚款成为一种标价

按时到幼儿园接孩子很重要。我女儿小时候，记得有一天我在接她的路上遇到了堵车。为了按时到达，我一路狂飙。幼儿园下午4:00关门，我4:02到达。我冲了进去，内心演练着路上想好的道歉的话。当遇上老师失望的目光时，我顿时语塞。这可不是什么愉快的经历。

这件事发生的几周后,幼儿园园长对下午 4:10 后抵达的父母处以 10 以色列新谢克尔的罚款(这件事发生在以色列,当时 10 谢克尔约为 3 美元)。我心里想:"才 3 美元?好吧。"当下次迟到时我没有飙车,为了 3 美元冒生命危险可不值得。

受到这一经历的启发,我和阿尔多·鲁斯蒂奇尼设计了一个现场实验,检验幼儿园的罚款对迟到家长的影响。[4] 实验在 10 家幼儿园进行。最初的 4 周都没有罚款,我们简单记录了每家幼儿园发生的家长迟到次数。然后,在 6 家幼儿园中,我们对迟到家长处以 3 美元罚款。事实证明,我并不是唯一因罚款而改变行为的人——迟到家长的平均人数翻了一番!罚款原本是为了防止家长迟到,实际上却助长了迟到。为什么?

在这项政策出台之前,家长迟到时会感到愧疚。迟到传递出不良的自我信号和社会信号。通过对迟到进行罚款,幼儿园园长传递的信号是,迟到并没有那么糟糕。家长们意识到,迟到并不像他们最初认为的那样令人不快——毕竟,罚金只有 3 美元。罚款让他们在迟到时心安理得。罚款成为一种标价:它让父母权衡"迟到"的成本是否足够低。我们在研究的最后阶段取消了罚款,观察结果支持了这一观点,即小额罚款意味着人们不再对迟到有太多愧疚感。当罚款被取消后,家长的行为并未改变——与实施罚款时一样。父母从罚款的价签上得知，迟到并没有那么糟糕。

传递这种信号的不只是小小的幼儿园，大型组织也会犯类似的政策错误。威尔士政府从其颁布的一项政策中得到了教训。政策规定，孩子在学期内被家长带走，罚款60英镑。[5]为了在旅游淡季享受家庭度假，父母经常这么做。就像幼儿园的3美元迟到罚款一样，60英镑成了一种标价：它允许家长判断这个价格是否值得让孩子离开学校数日。一份报告发现，实施罚款后，未经批准的家庭假期数量有所增加。一些家长明确表示，他们认为相较于在旅游旺季度假，支付60英镑罚款更划算。精明的旅行社甚至开始在套餐中抵免这部分罚款！

这两个例子除了说明罚款如何起到标价的作用，还告诉我们罚款力度是一个强信号。美国一些幼儿园规定，家长接孩子每延迟1分钟罚款5美元，有些罚金更高。一位来自新西兰的母亲在脸书上发帖称，她因迟到1分钟被罚55美元。她孩子所在的幼儿园迟到罚款起价20美元，迟到1~30分钟加35美元，迟到31分钟至1小时加85美元。严厉处罚的效果如何？该幼儿园称，一年内只有两名家长被罚。我所知道的大多数幼儿园对这个数字只能羡慕不已。[6]阿姆斯特丹大学经济与商业学院院长韩·范迪塞尔告诉我：巴黎一些幼儿园规定，如果父母接孩子迟到，管理人员会将孩子带到当地警察局，父母要去那儿领孩子。这可能是严厉处罚最好的例子，它不仅让迟到的代价非常高，还传递出一个信号：迟到特别令人反感。同样，如果威尔士政府对在学期内带孩子度假的罚款力度足够大，那就会发挥作用。记住，激励规模是一个信号。

对准胸口的钉子

图8-1描绘的是一种特别糟糕的激励方式。

图8-1 对准胸口的钉子

如果你是摩托车或轻便摩托车乘客，你最不想看到的是司机戴着头盔，而你没有。人们的第一反应是，骑车不戴头盔很愚蠢，但情况不仅仅如此：想想你开车时冒的风险，比如在高速路上轻微超速，或者在途中喝上一口星冰乐。我们经常承担一些不必要的风险，而且越是感觉安全，越倾向于冒险。

图中的司机戴着头盔,她觉得比较安全,这可能会让她冒更多风险。如果你坐在后座,没有头盔,那么你的处境可不妙。山姆·佩兹曼在1975年指出,20世纪60年代末,美国出台安全驾驶强制性规定之后(包括必须系安全带以及其他安全规定),车祸数量有增无减。[7]司机可能更倾向于冒险,因为安全带降低了车祸造成严重或致命伤害的可能性。新规定向人们传递了一个信号:即使发生事故,他们也会安然无恙。这削弱了安全驾驶的动力。

艾滋病病例的增多进一步说明了这一点。当没有治疗方法时,得了艾滋病相当于判了死刑,人们小心翼翼地预防感染。现在艾滋病有了治疗方法,人们将其视为一种慢性病而非死刑,感觉其威胁不那么大了,于是高风险行为增加了(例如无保护的性行为),感染人数随之增加。新疗法削弱了谨慎预防的动机。

需要明确的是,我并不是说采取安全驾驶措施(或开发拯救生命的新疗法)是不明智的。相反,让驾驶员感觉安全的同时,允许乘客不戴头盔,这种激励才是不明智的。

《买房子还是买股票》的作者史蒂文·兰兹伯格创新了信号传递的方法,提出一条高见:作为乘客,你不该希望司机系安全带。相反,可以考虑在汽车方向盘上安装一枚锋利的长钉,这样司机就会非常清楚事故的后果。[8]你可以告诉司机,你不希望他开得太快,安全第一。但有了这枚钉子,你尽管放心,司机会理解其中的信号:你希望他尽量安全驾驶!

河内的灭鼠行动

1897年，保罗·杜梅被任命为法属印度支那联邦总督，该地区位于现在的越南河内。秉承真正的法国作风，杜梅一上任就着手进行城市的现代化建设，最重要的业绩是为河内引入了卫生间。

遗憾的是，热心为城市基础设施增添新花样的不仅仅是精致的法国殖民者，还有河内的老鼠。城市下水道系统很快被老鼠霸占了。它们适应力很强，泛滥成灾，即使专业的捕鼠人也无法阻止老鼠的繁殖。必须迅速有效地采取更激进的措施。[9]

杜梅及其团队经过商讨，提出了一个有创意的解决方案：发动河内市民捕鼠，每捕一只奖励1美分。作为证据，市民要将老鼠尾巴交到政府办公室，一个可怜的家伙在那儿负责清点并支付报酬。老鼠尾巴蜂拥而至。

就在杜梅及其团队准备宣布行动成功时，有趣的报道出现了：无尾老鼠在城里上蹿下跳。原来，有商业头脑的市民意识到，割掉老鼠尾巴，让它生存繁殖，比灭掉它更有经济意义。没有尾巴的老鼠可以生下有尾巴的小老鼠，割掉小老鼠的尾巴可以继续邀功请赏。市民的创造力不止于此，一种赚钱的新营生应运而生：专门饲养老鼠的农场。一些特别精明的市民竟然从千里之外进口老鼠尾巴！[10]

激励失败了，因为它只关注数量而忽视了质量。地方官员希望人们灭掉老鼠,阻止其繁殖,但激励的结果适得其反。正如富国银行的例子一样,错在以数量而不是质量为目标。解决办法很简单:奖励依据是老鼠,而不是老鼠尾巴。

有趣的房子

我们来举一个轻松的例子。激励如果被运用到建筑设计中,那就会产生奇怪的景象。普利亚位于意大利东南部,以橄榄树、壮观的海滩和别有风味的美食而闻名。我喜欢去那迷人的地方旅行。在令人惊叹的伊特里亚山谷中,你会看到普利亚独特的风景——特鲁利(至少在我这个经济学家眼中很不寻常)。特鲁利是一种建筑名称,住户通常是农民。这种独特的风格是激励的结果。[11] 看看图 8-2 的屋顶,你在世界其他任何地方都见不到这种造型。

典型的特鲁利呈圆锥形,圆柱形房屋主体由石头砌成,上面是石灰瓦屋顶。因为没用砂浆或水泥,特鲁利可以很快被拆除。[12] 事实上,建造这些房子的初衷是:拆除屋顶最上面的石头,整个屋顶就会坍塌。[13]

那为什么还会有人愿意住在这种不牢固的房子里呢?当时,那不勒斯市市长金·罗伯特(1309—1343)根据建筑物的用途征税。凡是有屋顶的建筑物都被视为住所,要缴纳重税。[14] 普利亚农民不得不想出应对的新点子:只要一发现税务官来到镇子，他们便迅速拆除屋顶，这样房子就不用交税了。税务官一离开，他们就重新修建屋顶。

在其他地方，这种根据建筑物外形征税的措施也导致了出乎意料的行为。例如，图8-3中建筑物的部分窗户被砖块堵住了，你能猜到原因吗？

图8-2　激励如何影响屋顶的设计　　图8-3　激励如何影响窗户的外形

臭名昭著的窗户税于1696年在英国开征，并在18世纪和19世纪被爱尔兰和苏格兰政府采用。[15]当时，窗户被认为是富裕的象征：按照这个逻辑，富人的房子更大，窗户也更多。当局想征收一种累进的财产税，让富人缴纳更高的税费。

有一段时间，官员们注意到窗户税的税收下降了。原来，业主用砖块堵住了窗户，新房子的窗户也越来越少。[16]为充分理解这种变通方法的妙处，先来了解一下窗户税的构成：房子有10~14扇窗，每扇征税6便士；15~19扇，每扇征税9便士；超过20扇，每扇征税1先令①。仔细研究这一时期的税收记录，你会发现近一半的房屋恰好有9扇、14扇或19扇窗。[17] 面对苛捐杂税，市民知道如何钻空子，这一设计再次体现了他们的创造力。

有趣的是，富豪却反其道而行之：税收促使他们安装更多不必要的窗户来炫耀自己！这个例子说明，激励让信号更容易传递，它有助于房主炫耀财富。

民众怨声载道，抱怨窗户少会导致疾病和健康问题。历经多年，窗户税最终于1851年被废除。如今，在欧洲某些地区仍能看到被封住的窗户，它提醒着人们，税收形式的激励可以荒谬到影响世界的面貌。

另一个例子是阿姆斯特丹运河沿岸的房屋。一栋栋窄屋告诉我们，不良的税收激励在无意中鼓励了什么。[18] 由于土质松软，地基必须有深埋于地下的大型承重桩。为了降低成本，阿姆斯特丹市民往往会缩短桩子的长度，这导致房屋倾斜。为了解决问题，政府规定必须由指定官员来打桩。这一新的劳动力成本需要以税款支付，于是政府根据所建房屋的宽度征税（房屋越宽，需要的桩子越多）。[19]

该政策造就了独特的建筑物：房屋又高又窄，楼梯异常陡

---

① 先令是英国的旧辅币单位。——编者注

峭。如果你曾经到过阿姆斯特丹，背着沉重的行李在望不到尽头的陡峭楼梯上攀爬，你应该抱怨当时的税收政策。同时，你很容易判断哪些房子是富豪所建。他们想传递的信号是：我很有钱，不在乎那点儿税款。

正确的激励

有些激励的效果很好，它们或许不那么有趣，却富有教育意义。下面有两个例子，说明了激励中的小变化可以对世界产生大影响。

来看第一个例子。想象一下，你要从圣迭戈飞往旧金山参加朋友的生日聚会。图 8-4 显示了机票搜索结果。你可能会选择阿拉斯加航空公司。

| 8：00pm-9：39pm 阿拉斯加航空公司 | 1小时39分(直达) 圣迭戈—旧金山 | 185美元 单程 | 选择 |
| 8：55pm-10：30pm 美国联合航空公司 | 1小时37分(直达) 圣迭戈—旧金山 | 339美元 单程 | 选择 |

图 8-4　你选择哪个？可能是阿拉斯加航空公司

现在想象一下，你乘飞机不是去聚会，而是到旧金山出差，机票由公司支付。你经常乘坐美国联合航空公司的飞机，关注"前程万里"的积分。因此，你会选择美国联合航空公司的班机。毕竟，公司支付机票，你可以获得里程积分。

如今，所有主要的航空公司都有飞行常客激励计划。每飞行1英里或花费1美元，客户就能获得积分，这些积分日后可以兑换航空旅行、升舱或其他各种福利。这些方案通过增加转换成本来激励我们保持忠诚。其独特之处在于，在许多情况下，选择航班并享受忠诚计划的并非机票付款人。因此，无论票价高低，典型的商务旅行者都会选择其常客账户所在的航空公司。他们不太可能选择票价更低的航班，为什么？选择经常乘坐的航空公司，无须自掏腰包就能获得更多里程，得到更多奖励。这让我想到激励设计者应遵守的一条重要规则：了解谁为产品付费，谁享受奖励，并记住，他们可能不是同一个人。

第二个明智激励的例子发生在1978年的中国，小岗村18名农民与政府签订了一份简单的合同。[20]当时小岗村是一个贫困的小村庄，人口几百人。1978年，农民都在集体农田里劳作，报酬是固定的口粮——农作物全部上交给政府。农民要完成最低生产配额才能分到口粮。无论工作时间多长，工作多努力，大家得到的都一样，通常只够勉强糊口。

在这种激励制度下，农民没有动力生产超出配额的产品。反正粮食要上交，为什么还要更卖力地干活呢？正如一位农民所说："勤快人和懒汉，大家拿到手的都一样。"这传递了什么信号？达到最低要求就好，没必要更努力。

1978年冬天，饥肠辘辘、命途多舛的农民联合起来，提出了一个革命性的想法：不在集体农田里耕种，每人分得一块土地。粮食按配额上交给集体和政府，剩余部分归个人所有。严宏昌写下合同，其他农民签了名。第二天早上，大家起得都比往常早，一直劳作到日落。仅仅通过改变激励措施，他们当年的产量远高于过去几年之和。

后来，当地政府知道了此事。那时的中国领导人邓小平不但没有惩罚他们，还决定将这种激励方案作为样板在全国推广。政府允许农民保留自己种的粮食，全国粮食产量开始增长。自1978年以来，这一小小的激励变化让数亿中国农民摆脱了贫困，经济学家和历史学家将其视为伟大转折的第一步。如今，这份合同及其背后的故事已成为中国学生历史课的内容，也是明智激励改变时局的完美例子。

要　点

不良的激励不如没有激励。确保信号之间的一致性。

第九章

心理账户：选择激励的货币

CHAPTER 9

房地产经纪公司 Redfin 的首席执行官格伦·凯尔曼一直对公司送给客户的礼物引以为傲。在一段董事会会议视频中，他讨论了房产经纪人向客户返还部分佣金的问题。公司发现，数亿美元的返款并未拉动服务需求。尽管如此，Redfin 还是决定加倍返款。用凯尔曼的话来说，他们"只是在送钱"。这段视频旨在鼓舞人心，展现凯尔曼不按常理出牌的做法——明知返款无助于需求增长，仍锲而不舍，以此证明 Redfin 在履行客户至上的使命。[1]

这段视频令人费解，不是因为凯尔曼决定继续提供激励，而是因为他决定继续以同样的方式提供激励。激励的作用千差万别，框架和结构上的微小差异会极大地影响其有效性。然而，人们往往很少关注如何让它们"发挥作用"。

Redfin 数千美元的返款应该会吸引购房者。但是，正如理查德·塞勒所证明的，人们会在整个交易框架内考虑节省的金额。² 例如，你要购买一台 200 美元的计算机显示器。销售人员告诉你，同样的显示器在 20 分钟车程外的分店里有 25% 的折扣。你会为了省钱，开车去那儿买吗？大多数人会去，200 美元的商品优惠 50 美元，很划算。但如果你买的不是 200 美元的显示器，而是 2 000 美元的计算机呢？售货员告诉你，这台计算机在 20 分钟车程外的分店里售价 1 950 美元。同样是节省 50 美元，大多数人不会选择另一家店；2 000 美元的商品优惠 50 美元，似乎不值得跑一趟。

在 Redfin 的例子中，尽管数千美元的返款并非小数目，但相较于总房款就显得微不足道了。以凯蒂的故事为例。最近，她通过 Redfin 的经纪人买了一套房子。购房体验很好，但返款的细节却很模糊。她记得有折扣，但想不起具体金额。凯蒂花钱一向精打细算，总是寻找划算的交易。几千美元的折扣被她遗忘，这对 Redfin 来说是个问题。与房价相比，返款杯水车薪，况且凯蒂还要签署一堆抵押文件，返还佣金的合同自然被淹没其中了。

改变感知

凯蒂·巴卡-莫茨是斯克里普斯转化研究所战略提案的高管，我们与 Edmunds.com（提供购车信息、评论和价格的大型网络平台）合作，开发了一套奖励系统。如果在谷歌上搜索"2019 BMW X$_3$ 评论",你首先看到的结果就来自 Edmunds.com。点开链接,你会看到所有购车信息:评论、规格、价格、比较等等。选定某款车之后,网站会要求你提供邮政编码,随后你会看到这款车在当地各经销商那里的库存。经销商向 Edmunds.com 支付汽车广告费。对 Edmunds.com 来说,向经销商显示客户是因网站上的广告而购车是有好处的。于是,他们决定为客户打折 —— 购买网站广告上的汽车,会得到平均 450 美元的现金折扣。这有助于向经销商展示投放广告的价值。虽然折扣对需求产生了影响,但并未达到管理层的预期。

网站要求我和凯蒂提高激励的有效性。我们认为,折扣效果不尽如人意的原因与 Redfin 的例子相似。虽然对大多数人来说,450 美元是一大笔钱,但与 2 万美元的购车款相比就小巫见大巫了。

我们要解决的问题是如何改变买家对折扣的感知,在不增加成本的前提下提高激励的有效性。我们检验的是一种不同的激励措施:赠送预付费加油卡。虽然 450 美元相较于车价微乎其微,但用于购买汽油却是一大笔钱。其背后的心理很简单:想象一下付加油费的情景,每次加满油我们都很开心,感觉这 450 美元加油费是靠自己的精明赚来的。加油卡只是"感觉"上比购车折扣更有分量。这种现象被称为"心理账户"。

2017 年,理查德·塞勒获得诺贝尔经济学奖,部分原因是他提出了"心理账户"的概念。他将其定义为个人和家庭用来组织、评估和跟踪财务活动的一系列认知操作。[3] 人类大脑包含多个心理账户,每个账户都有独立的预算。例如,住房和餐饮是有着不同预算的两个独立账户。你可能每月都有固定的外出就餐预算,也有单独的住房预算,而且你对这两个预算的超额消费都很敏感。即使是外出用餐,每笔费用的心理账户也不一样。你可能会用半小时寻找停车位,省下餐馆的代客停车费,但同样的钱花在甜点上就非常爽快。外出用餐的总费用包括停车费、甜点和其他所有费用,支付停车费很烦人,你会尽量省下这笔钱。

经济学的可替代性原理表明:一个心理账户中的货币应该是另一心理账户中货币的完美替代品。然而,独立的心理账户违背了这一原理。同样数额的停车费和甜点应该被一视同仁,但事实并非如此。[4] 我和凯蒂利用该现象提出一个假设:相较于在总价上打折,将激励目标锁定在满足需求的特定心理账户上会更有效。

为了检验心理账户对折扣的影响,我们在 Edmunds.com 上进行了一项现场实验。该实验类似于大多数线上平台所做的 A/B 测试(通过 A/B 两个不同选项来测试客户的选择)。主要区别在于,我们尝试使用心理学和行为经济学的研究结果来指导实验。只要掌握了实验方法,在网上开展这项测试易如反掌,更何况合作方是精通此道的 Edmunds.com。当客户开始搜索时,他们被随机分入不同的折扣框架。然后,我们跟踪客户在网站上的行为。像 A/B 测试一样，他们并不知道自己正在参与实验。

我们的主要兴趣是了解不同的折扣框架如何影响购买决策。我们发现，450 美元购车折扣的影响远远小于 450 美元的加油卡。这一发现与我们的心理账户假设一致。从现金折扣到加油卡的转变使激励的成功率增加了一倍多。在进一步的测试中我们发现，即使加油卡的价值低于购车折扣，激励效果仍然不变：相较于 450 美元的购车折扣，购车者更喜欢 250 美元的加油卡！

有些费用会引起多数人的反感，比如停车费、Wi-Fi 费、行李托运费等等。同样，没人喜欢去加油站加油，所以免费加油的感觉很好。针对人们不愿付费的项目设计激励措施，可以提高激励的有效性。

下面的例子运用了同样的思路。我们联合新加坡的三位教授何德华、马塞尔·比尔格和埃里克·芬克尔斯坦，与新加坡一家致力于改善员工健康的出租车公司合作，进行了一项实验。[5] 作为死亡的第四大风险因素，缺乏运动增加了医疗支出，降低了工作效率，给政府、保险公司和雇主带来了巨大的成本。

在设计改变行为的激励措施时，出租车司机是增加体育锻炼的优质目标群体。由于工作需要久坐，大多数出租车司机缺乏运动，患慢性病的风险很高。

为了激励司机多运动，与我们合作的那家新加坡公司愿意每月支付100美元的现金奖励。我们提出了一个小改进：如同加油卡的例子一样，我们寻找出租车司机不愿支付的项目。我们了解到，新加坡的出租车司机并非出租车车主，他们每天要向公司支付约100美元的租金，租金通过电子支付系统从银行账户中自动扣除。对司机来说，每天的租金挥之不去，令人厌烦。许多人会在"休息日"兼职工作，以弥补经济损失。为调用这一心理账户，我们以租金抵免的形式发放奖金。

为了监测受试者的运动情况，我们给他们发放Fitbit智能手环和佩戴手环的奖励。在第一阶段，我们简单测量了他们每天的步数，规定在接下来的4个月内达到目标步数他们就能得到奖励。在第五到第七个月，我们取消了奖励，但继续监测每位司机的步数。

司机被随机分为两组，区别在于不同的激励框架：第一组完成每月目标获得100美元现金奖励，我们称为现金组；第二组完成目标获得100美元的每日租金抵免，我们称为免租金组。

激励框架的小变化成效斐然：与没有奖励的情况相比，两组司机的步数都增加了。在实施激励的第一个月，现金组司机多走了约1 500步，免租金组司机多走了约2 000步，明显高于现金组。简单的现金激励增加了司机的运动量，而免租金组的激励效果显然更好。我们希望司机能养成步行习惯，建立长期的锻炼行为，即使激励结束后也经常步行。我们分别测量了司机在4个月干预期中每月的步数变化，以及取消奖励后3个月的步数变化。即使在奖励停止后的第五到第七个月，两组之间改善的差异也存在，虽然规模较小。

还记得我说过，有时人们发现激励失败，就得出错误的结论，认为激励不起作用吗？在上述例子中我们看到，即使激励措施奏效，简单的行为改变也可以显著提高投资回报。关于激励的问题，不应仅限于是否提供激励，还应考虑是否以最佳方式提供激励。

对于Redfin这类公司，心理账户指什么？

回到 Redfin 的例子，简单的创新思维可以提高激励的有效性和公司的利润，同时让客户更开心。你能想到增强 Redfin 公司激励效果的方法吗？一个方法是，以抵扣新房装修费用的形式返款。比如，在客户入住几个月内，为其提供当地家居店的消费抵扣。如果凯蒂在家得宝使用信用卡获得退款，她会更加感激！

事实很简单："购车享受 450 美元折扣"之类的信息不是故事。随意的解释可能会产生消费者不喜欢的故事。你应该积极塑造达成激励目标的故事。

案例研究:"损失的痛苦大于收益的快乐"

芝加哥高地市位于芝加哥南部30英里。设想一下,你在那儿当老师。学生主要是低收入的少数族裔,成绩较差。身为这些孩子的老师,你感到很骄傲,你尽最大努力帮助他们成功。一天,研究人员带着一份有趣的激励方案来到学校。[6] 如果你班里的学生期末考试成绩提高了,即班级成绩百分位数排名上升了,他们就会给你奖励。[7] 研究人员承诺,最高奖金是8 000美元。你也知道,在该方案下你的预期奖金是4 000美元,约为你薪酬的8%。

然而,激励结构非同寻常:在开学时,你的银行账户会收到8 000美元的转账。问题是,你必须部分或全部返还这笔钱,返还多少取决于你的学生能否达到期末成绩目标。你能提高学生成绩吗?你有一丝被冒犯的感觉,因为这种激励暗示着你目前的工作不尽如人意。你知道,研究表明,有些教师的工作卓有成效,但是激励能让你成为更好的老师吗?看在奖金的面子上,你愿意试一试。

罗兰·弗赖尔、史蒂文·莱维特、约翰·利斯特和萨莉·萨多夫进行了一项现场实验,测试了"损失厌恶"型激励相对于传统的"收益"型激励的有效性。在传统的"收益"型激励中,教师根据统一的成绩标准获得年终奖金。"损失厌恶"是阿莫斯·特沃斯基和丹尼尔·卡尼曼提出的心理学原理。该理论认为,奖励是相对于一个参考点来评估的,评估结果在我们的大脑中被编码为收益或损失，损失的痛苦要大于同等收益带来的快乐。[8] 也就是说，相较于获得收益，防止损失对人们的影响更大。因此，将奖励设计成损失比设计成收益对行为的影响更大。

损失厌恶理论预测，相较于得到年终奖承诺的教师，年初得到 8 000 美元的教师会更努力地避免损失。这个预测很有趣，因为它与奖励设计息息相关：无论损失组还是收益组，学生成绩相同的教师会拿到相同的年终奖。

你会怎么做？相较于年终拿到奖金，你会更努力地工作，以避免退还年初入账的钱吗？

现场实验结果表明，损失组教师的确取得了更大的成功。相较于无激励的对照组，收益组教师的表现并没有改善。也就是说，对教师的奖励承诺对学生的成绩没有影响。然而，基于损失的奖励使学生的成绩有了显著提高：与没有接受任何激励的教师的学生相比，损失组教师的学生分数提高了 10%。平均教师素质提高了一个标准差以上，学生成绩升幅与此大致相同。

该实验是一个很好的例子，说明使用传统激励可能会让你得出"激励无效"的结论，毕竟，学生成绩并没有因"收益"型激励而提高。然而，正确的结论是，要发挥激励的作用，你需要了解激励背后的心理。

这一结果表明了设计的重要性。当你以损失而不是收益来设计激励时，同样的奖金会发挥更大的作用。损失型激励也适用于其他情况。简言之，人们会更努力地保住已拥有的东西。

设想一下，你是一家中国高科技公司的员工，负责消费电子产品的产销业务，每周平均基本工资290元至375元人民币，除此之外，当团队产量达标时你还能拿到奖金。公司以信件形式告知奖金的发放标准："公司正在推行生产力促进奖。如果你的团队每周平均产量超过每小时20件，你将获得每周80元人民币的奖金。"

额外努力被公司认可，还能获得相应的奖励，这是好事。奖金超过周薪的20%，你有动力为完成生产目标而努力工作。

如果现在收到这样一封信，你会有何感想？"公司正在推行生产力促进奖。我们将在每个工作周的第一天给你发放80元人民币临时奖金。如果你的团队每周平均产量低于每小时20件，奖金将被扣除。"

损失厌恶理论预测，你可能会将临时奖金视为已有奖金，更努力地完成生产目标，确保它不被扣除。这正是我们在高科技公司现场实验中的发现。[9]两组工人以不同的方式获得相同的奖金激励，我们称为收益组（收到第一封信的那组）和损失组（收到第二封信的那组）。与基线相比，两组工人的生产力都有所提高，但损失组的团队业绩明显优于收益组。观察到的效果在4个月的实验期间持续存在，表明激励机制可以长期影响企业生产力的增长。

该实验告诉我们，心理学洞见可用于劳动力市场，合同设计的小变动能提高工人的长期生产力。利用恰当的心理规律制定激励措施，传递的信号会更强、更有效。

激励塑造故事。"我会努力工作，获得奖励"与"我会努力工作，避免失去奖励"讲述了两个故事，前者的激励效果不如后者。无论何时，只要能控制叙事，你就一定要让人们觉得自己已经赢得了奖励，但如果没有达标，他们就可能失去奖励。

> **要 点**
>
> 通过改变叙事，针对最重要的心理账户设计激励措施，可以提高投资回报。

第十章

利用后悔实施激励

CHAPTER 10

有个正派人每周都在彩票结果公布前祈祷:"上帝,保佑我这辈子中一次奖。我一直积德行善,我有7个孩子要养活。"多年来,每次愿望落空他都会哭上几小时:"为什么?为什么中奖的不是我?"终于有一天,他听到一个声音:"你能先去买张彩票吗?"

下面,我要讲述一个有关后悔的家庭故事。二战后,我的祖辈从布达佩斯移民以色列(对此他们从未后悔)。经过长途跋涉,他们于1948年抵达特拉维夫。当时,我的祖父母大约40岁。与大多数大屠杀幸存者一样,他们没有财产,也没有工作。他们在公共住宅区分到一套小公寓,这片公共住宅区是为大量移民建造的(以色列于1948年5月正式建国)。我的祖母在小公寓里做裁缝生意,祖父打过各种零工,最后在银行谋了个职位。他们生活贫穷,但很快乐。

我的外祖父和外祖母也有类似的经历。两个家庭相识于布达佩斯，移民以色列后住在特拉维夫同一个街区。我父母青梅竹马，成年后再次相遇。他们相爱、结婚、生子，过着幸福充实的生活，直至去世。据我所知，我父母也没有遗憾。

结婚几年后，我父母举办了一次结婚纪念日聚会。我母亲的姨妈是卖彩票的。聚会上，她和我祖父讨论起彩票。一张彩票有6个数字，如果中奖号码正是你彩票上的6个数字，你就发财了。我祖父被说动了，买了一张。

那次聚会之后，我祖父每周都会买一张相同号码的彩票。他上瘾了——这个习惯一直保持了几十年，直到他去世。即使度假，他也会找人代买。为什么？是后悔的魔力。如果祖父不再买彩票，一旦那串数字成了中奖号码，他就会后悔莫及。他知道，那对他将是毁灭性的打击。在可怕的遗憾面前，每周买彩票的钱根本不值一提。他不想承受后悔的恐惧，于是一直不停地买。

买彩票上瘾的人可不止我祖父。Statista（全球综合数据资料库）的数据显示，2019年美国彩票销售额为910亿美元，一半以上的美国成年人在当年买过彩票。[1]在日常生活中，随处可见大量的彩票售卖点，说明很多人喜欢买彩票。彩票的吸引力如此之大，原因有很多，比如人们过于相信小概率事件。也就是说，人们高估了小概率事件发生的概率，以至事件所带来的心理影响大于事件实际可能发生时的影响。[2]

彩票很受欢迎。精明的荷兰人洞察到我祖父这类人的心理，发明了邮编彩票。彩票的"中奖号码"是一个邮编：每周随机选择一个邮编（平均包含 19 个地址，最多 25 个）。[3] 如果你所在的地区中奖，你和邻居、朋友很快就能得知喜讯。问题是，要赢得大奖必须买一张当期彩票。如果你买了，恭喜发财。如果没买，你可能会后悔很长一段时间。

让没买彩票的人更痛苦的是，除了奖金，获奖者还会得到一辆全新的宝马。想到你的邻居开着豪华宝马飞驰而过，你不禁后悔：如果当初花点儿钱买张彩票，你也会是那个幸运儿。还有什么比这更能激励你去买彩票？

如果当初买了彩票，你会不会中奖？这是一个反事实问题。对于普通彩票，答案不得而知，除非你像我祖父一样每次都买同样的号码。然而，对于邮编彩票，你会知道答案。

我们在做决定时会尽量避免后悔。在行为科学中，这种倾向被称为"后悔厌恶"。邮编彩票的发明者渲染了这种情绪。他们在广告文案中写道："你一张彩票都没买？这意味着你的邻居会赢得一切。马上买几张，别等到为时已晚！"另一则广告说："与 200 万（欧元）擦肩而过的感觉是酸楚的。自己的地址中了数百万欧元的大奖，你却因为没买彩票而一无所获，这是你不想体验的遗憾。"[4]

后悔厌恶影响未来的选择，促使我们尽量避免去做将来会后悔的事。这种"预期后悔"是重要的激励因素。我们预料到某些决定会导致后悔，因不想体验这种感觉而做出选择，以降低风险或后悔发生的概率。重要的是，当人们对决定的结果心知肚明时，预期后悔的情绪就会更强烈。[5]

在我祖父的例子中，他的预期是，如果"他的"号码中奖了他却没买彩票，他会后悔莫及，所以他坚持买彩票。在荷兰邮编彩票的例子中，人们预期，如果他们的邮编中奖了他们却没买彩票，他们会后悔莫及，所以他们每周都买彩票。这两个故事表明，后悔会对个人决定产生重大影响。

预期后悔是否可以作为现场实验中行为改变的激励因素？几年前，我拜访过比尔及梅琳达·盖茨基金会，探讨了激励问题。当时，基金会在西雅图新建了一个可容纳1 000多名员工的总部基地。西雅图表示欢迎，但也有人担心它会影响当地交通。为降低负面影响，基金会引入了激励机制以减少员工的开车频率。具体措施是提供免费公共交通工具，如果员工在基金会泊车，每天需支付9美元停车费。

让我感兴趣的是另一项激励措施：如果员工上班不开车，他们会额外得到3美元奖励。每天约有500名员工符合奖励条件，基金会每天的总费用约为1 500美元。许多组织都采用这类激励方案。鉴于每天的高成本，基金会问我能否设计一个更有效的激励方案，花更少的钱达到同样的效果，或者以同样的预算让更多的人乘坐公交车。

利用后悔情绪，我确实提供了一种不同的方式来使用这1 500美元：每天下午搞一个1 500美元的"后悔彩票"抽奖活动。在内部网的小程序上随机抽取一个名字，名字公布后，系统会核查该员工当天是否在停车场泊车。如果没有，他就是获奖者。如果他的车在停车场，就播放悲伤的音乐，接着抽取下一个名字。重复这个过程，直到选中没开车的人。那些被抽中了名字但开车上班的人会非常后悔。抽奖活动应该能引发办公室热议！

最终，基金会因担心员工的负面反馈没有采纳我的提议，但另一家公司对此很感兴趣。这家公司的办公区很大，有很多会议室用来举办各种研讨会。公司在附近的停车场为参会者提供免费停车服务，根据有效票据支付停车费，因此，管理层了解每辆车的停车成本。他们想尝试一些激励措施来减少停车，达到降低费用的目的。

为了让管理层相信，使用激励措施可以提高利润，同时不会引发参会者的不满，研究将作为一种"概念验证"，从一个试点开始。试验取得了成功，管理层的目标实现了（调查显示，与常规研讨会相比，参会者满意度没有差异）。于是，公司同意启动全面研究。

研究开始了。一周内，240名参会者要参加为期5天（周一至周五）的研讨会以及各类课程。他们获得一周免费停车的承诺。周一，每组参会者会得到不同的激励。

当天，在确认了所有停车票之后，公司代表要求参会者以后到会尽可能不开车，理由是减少交通拥堵和保护环境。公司和我将参会者随机分成4组，每组60人：

- 对照组：未提及激励措施。
- 5美元固定奖励组：承诺给到会者每天5美元奖励，但不需要查验停车票。

- *500 美元彩票组*：承诺周五有一个 500 美元的彩票抽奖活动。每天，对那些未使用停车票的参会者，公司会将写着其名字的票据放进盒子里。周五从这个盒子里随机抽取一个名字，幸运者得到 500 美元。
- *抱憾的 500 美元彩票组*：程序与 500 美元彩票组相似，但每天投入盒子的停车票都有一个标记，显示此人是否用过。周五公布抽中的"幸运"者，如果票据显示他当天没有泊车，这 500 美元就归他了。如果票据显示他当天用过停车票，就会重新抽取，直到抽到合格的票据。

该设计能让公司对不同的激励方案进行简单的成本效益分析。它还精确衡量了激励的相对有效性，避免公司使用效果欠佳的激励措施。

虽然人们喜欢买彩票，但目前还不清楚彩票在行为干预中是否有效。一些研究发现，与提供彩票选项或不提供奖励相比，现金奖励的反响更大，而另一些研究结果恰恰相反。[6] 最近（主要在医疗领域）的研究发现，彩票激励比"确定性"奖励更有效。[7] 魔鬼似乎藏在彩票设计的细节中。对于有实施意向的行业来说，研究激励的有效性至关重要，原因就在于此。

我们的研究结果表明，不同的激励有不同的效果。相较于对照组，所有激励都有效，但有些激励的作用更大。你认为哪种激励的成本效益最高？

5美元固定奖励组的泊车次数比对照组少10%，但成本很高，因为公司必须向所有没泊车的人付费（包括那些本来就用不到停车票的人）。平均奖励成本36美元，远高于公司愿意支付的金额。

500美元彩票激励的效果较好，这与我们的预期一致。相较于对照组，泊车量减少了18%，成本也更低。不泊车激励的边际成本平均12美元，低于泊车成本，公司对此很满意。但相比之下，抱憾的500美元彩票组的效果最好，它减少了26%的泊车，不泊车激励的边际成本仅为8美元。

8美元的成本远低于有效停车票的成本，公司最终选择实施这一激励计划。这个实验向管理层证明，简单的激励可以提高利润。实验还证明，即使激励有效（比如彩票激励），我们也应该继续寻找改进方法。激励设计和实施的小变化，比如增加一个后悔因素，可能会重塑故事，产生更大的影响。

要　点

预期后悔是一种强烈的情绪，可以作为激励手段。

第十一章

亲社会激励

CHAPTER 11

到目前为止，我们讨论的大多数激励方案都采用直接奖励。然而，有时我们的行动由其他因素驱动，例如帮助他人。思考以下两种公司的戒烟激励方案。

方案 1：吸烟员工每戒烟一周，获 5 美元奖励。

方案 2：吸烟员工每戒烟一周，向当地慈善机构捐款 5 美元。

你认为哪种激励更有效？请注意，两种方案的激励水平都很低。证据表明，像方案 1 这种低报酬激励可能无效，甚至适得其反。

2000 年，我和阿尔多·鲁斯蒂奇尼在论文《要么重奖，要么不奖》中研究了该问题。[1] 在一项现场实验中，我们召集了 180 名高中生参与挨家挨户的慈善募捐活动。这些学生被随机分为 3 组：无报酬组的学生只受到有关募捐重要性的演讲激励；低报酬组的学生除了演讲激励，还可以获得募捐款 1% 的报酬；高报酬组的学生除了演讲激励，还可以获得募捐款 10% 的报酬。哪一组的募捐款最多？你可能认为是高报酬组。但正如论文题目暗示的，无报酬组的学生付出了更多努力，收到的平均捐款比低报酬组（1%）要多。尽管高报酬组（10%）比低报酬组收到的捐款更多，但仍比不上无报酬组。使用小激励还是大激励取决于具体情况，但该实验证明了挤出效应，表明方案 1 可能不如方案 2 有效。

两种方案的激励水平都很低，为什么方案 2 更有效？向慈善机构捐款，这种无私之举不仅增强了慈善的整体成效，也让我们获得了价值感和体验。我的同事，圣迭戈大学的吉姆·安德烈奥尼称其为暖光效应：从帮助他人中获得喜悦和满足。暖光效应是自我信号的一个好例子：通过帮助、捐赠或志愿服务，向自己传递信号，表明自己是善良的人，从而提升自我形象。有证据表明，该效应源于帮助他人过程中付出的努力，而不是结果的大小。无论我们实际提供了多少帮助，只要认识到自己在努力帮助他人，我们就能感受到暖光效应产生的积极的自我信号。

志愿消防队的普及和成功反映了这种内在动机的力量。顾名思义，大多数志愿消防员的工作没有报酬，但遇到紧急呼叫，他们会立即执行任务。除了在消防队轮班，大多数人都有其他工作。为什么做志愿者？道格拉斯郡消防局局长罗恩·罗伊是一名有 47 年经验的志愿消防员，他说："这是我们的社区和家乡，我们生于斯长于斯，应该关心身边的人，体察他们的需求……这种（志愿服务的）自豪感是无价之宝，是助人者的个人回报。"[2] 事实上，支付社区服务酬劳可能会抑制志愿者的积极性和自豪感。罗伊是大多数美国消防员的代表：2018 年，约 67% 的美国消防员（111 万）是志愿者。[3] 其他国家的比例更高：阿根廷 80% 的消防员是志愿者；在智利和秘鲁，所有消防员都不拿工资。[4] 显然，志愿服务和利他信号可以给人强烈的动机。

这是否意味着亲社会激励总是优于货币激励？应该在何时使用亲社会激励而非货币激励？亚历克斯·伊马斯是我之前带过的博士生，他设计了一个巧妙的实验来检验上述问题。[5] 他招募了一些大学生，测试他们在亲社会激励和货币激励下的努力程度。他的测量工具是握力器，握力器以牛顿为单位记录学生的握力。实验前，所有学生被要求挤压设备 60 秒，获得基线测量结果。设备测量了他们在 1 分钟内的平均握力。随后，在第二轮的握力测试中添加了一个激励。

学生被随机分到对照组或 4 个实验组。实验组控制第二轮测量的报酬（低报酬还是高报酬）以及报酬接受者（学生还是慈善机构）。

实验结果符合预期：在激励水平较低的情况下，学生为慈善机构工作比为自己工作付出更多的努力。然而，当激励水平较高时，相较于货币激励，亲社会激励不再有优势。两种激励效果的差距缩小了：当得到更多的报酬时，学生会更努力，但倘若这些报酬被捐给慈善机构，他们就不会更努力。

这些发现告诉我们，当回报甚微时，亲社会的激励效果更好。此时，人们对慈善的规模不敏感，更关心慈善行为本身。相反，当回报较大时，自利的激励效果更好。虽然微薄的奖励会抑制动机，但人们还是会被巨额奖励打动。

这些心理学见解的实际应用很广。国际三明治连锁店 Pret a Manger 利用该理念激励员工，打造积极的工作环境。在英国开了数百家门店后，这家成功的特许经营店于 21 世纪第二个 10 年逐渐扩张到曼哈顿和芝加哥等美国大城市，并因其热情贴心的客户服务广受赞誉。Pret a Manger 的秘诀是什么？《纽约时报》报道了该公司的多种策略，包括招聘、薪酬及基于喜悦等品质的员工晋升策略。其中的奖金发放策略值得关注：当获得晋升或培训达标时，员工可获得至少 50 美元的代金券。但代金券并不像传统激励方法那样发给员工本人，而是让员工赠予帮助过自己的同事。[6] 这会让赠送者获得暖光效应，受赠者则心怀感激。这种激励改善了工作氛围，进而提高了客户满意度。

传统的货币激励通常会起作用，但并不总是最佳选择。有时，将利己激励转变为亲社会激励，可以改变激励的意义，重塑故事，获得更好的效果。

> **要　点**
>
> 当奖励力度较小时，亲社会激励可能比利己激励更有效。

第十二章
作为信号的奖励

CHAPTER 12

"时间缓缓流逝,再过60秒,他所在的营就要发起冲绳'敢死行动'。"[1] 这是《诺克斯维尔新闻哨兵报》一篇文章的开头,文章描述了德斯蒙德·多斯的英勇事迹,他是美国陆军下士、军医,也是一名反对携带武器的反战者。

1945年5月5日,在冲绳岛经历了一个月的拉锯战后,多斯的部队向钢锯岭挺进,目标是攻下这座山。[2] 日军一直等到美军抵达山顶才开始反击。美军急需医疗救治,多斯冒着枪林弹雨挽救战友的生命。他知道,如果不这么做,战友们要么原地等死,要么被俘、惨遭折磨。多斯把伤员一个接一个送到悬崖边,在那里他们可以被运往安全区接受进一步的治疗。据估计,多斯当天营救了75名士兵。

多斯的崇高行为备受赞誉,人们认为应该给予他嘉奖。1945年10月12日,他获得了"荣誉勋章"——美国最高级别的个人军事荣誉勋章。这一激动人心的颁奖仪式在白宫举行，杜鲁门总统亲自为他颁发了勋章。[3]多斯在87岁那年去世，营救行动和勋章一直是他的骄傲。

奖励的形式很多，可以是大奖，如荣誉勋章、奥斯卡奖或诺贝尔奖。也可以是小奖，如月度最佳员工、最有价值员工、客户服务奖或全勤奖。

奖励虽然可以作为一种激励手段，却不同于传统的货币奖励。想象一下，如果多斯没有到白宫参加颁奖仪式，而是收到一张1万美元的支票和一封感谢信会如何。收到支票固然很好，但它会传递出与勋章截然不同的信号。虽然在许多情况下，人们愿意接受金钱奖励，但在其他情况下，它却不受欢迎。奖励多斯1万美元，而不是一枚勋章，不仅违反无偿为国献身的社会规范，还可能带有侮辱性。金钱无法彰显英勇的价值，反而给奖励贴上了价格标签，导致适得其反的心理影响。那么，如果把社会认可与金钱叠加在一起，同时获得奖牌和支票能让多斯更开心吗？还是说支票会"排挤"社会认可，因为它可能表明官方立场，暗示在战场上视死如归只值1万美元？

如何利用奖励来发挥你的优势？如何利用信号强化激励，塑造奖励传达的故事？本章内容基于我和桑迪·坎贝尔、亚娜·加卢斯的研究。[4]在引言中，我们讨论了社会信号，即个人行为如何向他人透露关于自身的可靠信息。奖励通常具有社会信号的功能，可以大幅提升人们的价值感知。多斯获得荣誉勋章，向外界传递了可靠的信号，即使人们不了解他的具体事迹，也知道他英勇无畏。获得诺贝尔物理学奖向他人传递了学术能力信号，即使他人无法理解或欣赏其中的贡献。

奖励不仅传递出获奖者的能力和品质，也传递了颁奖者的价值观。例如，我们在第五章谈到了那些重视创新但不鼓励冒险的公司。用奖励鼓励冒险是向员工有效传达公司价值观的绝佳机会，印度跨国控股公司塔塔集团就是这样做的，它通过向员工颁发"勇于尝试"奖来认可创新理念、尝试和失败。[5]

奖励的有效性也取决于自我信号。在第二章，我们讨论了购买混合动力汽车如何传递关心环境的自我信号，不同之处在于，获奖并非个人选择。有价值的奖励是为表彰重大成就颁发的，无法用金钱买到。假设你刚获得公司的月度最佳员工奖，你可能上班更早，或者在工作中更加努力。你相信自己走在精进的路上，也相信努力会被认可，获奖坚定了你的信念。奖励以这种方式强化了自我信号，有助于确认甚至改变自我信念。

奖励具有多面性，不同的特性可以改变其所传递的自我信号和社会信号。因此，成功取决于设计细节。让我们了解一下影响信号传递和故事塑造的重要奖励特征。

观众

当森林里的一棵树倒下时，它会发出声音吗？私下颁发的奖励有效果吗？有，但效果欠佳。没有观众意味着不具备社会信号价值。

想想一年一度的奥斯卡颁奖典礼，其部分价值在于观众很多。如果只有少数人目睹颁奖过程，社会信号的价值就会降低。然而，有时观众不必出席颁奖典礼，也能感受到奖励的社会信号价值——看到办公室书架上的牌匾或小雕像就足够了。观众是谁同样重要：他们可以是有能力评估你成就的同侪，你想取悦的亲朋好友，或者萍水相逢的陌生人。观众的身份影响了奖励所承载的社会信号强度。

我们再讲一个英勇的故事，将其与多斯的勋章进行对比。2009年8月9日，美国驻阿富汗某军事基地成为联合攻击的目标。刹那间，对方狙击手射伤了一名美军军医，一枚火箭推进榴弹点燃了军火库。火势越来越大，灾难性的爆炸似乎不可避免。就在部队准备放弃基地的紧要关头，一位不知名的海豹突击队队员挺身而出，冒着猛烈的炮火，将受伤的军医从火力点拖到安全地带，然后冲进军火库，拖出一箱箱炸药。这位无名英雄最终获得了海军十字勋章（美国海军和海军陆战队的二等勋章，表彰战斗中的英勇行为和英雄壮举）。[6]

这类无名英雄并不少。为保守军事秘密，美国近1/5的最高荣誉勋章获得者不为公众所知，或未留姓名。[7]可想而知，如果没有观众，海军十字勋章传递的社会信号会大大减弱，只有少数参与机密任务的人知道英雄的壮举。

尽管如此，无名英雄仍能感受到强烈的自我信号。秘密仪式进一步证明了他自我牺牲、英勇无畏的价值，提升了他爱国、勇敢的自我形象。

稀缺性

奖励的另一个重要特点是稀缺性。奖励越少，其社会信号和自我信号的价值就越大，频繁颁发同一奖励，或者在某一领域颁发太多不同奖励会降低关注度。诺贝尔奖之所以备受瞩目，部分原因就在于它的稀缺性。如果每周而不是每年颁发一次，其声望就不会那么大。想象一下，奥斯卡颁奖典礼每周举办一次会怎样。

维基百科的做法是运用奖励稀缺性的好例子。作为一个自由领域，维基百科的运营完全依赖志愿贡献者，吸引和留住有价值的贡献者是其长期需求。2007年，这个最大的在线百科平台的志愿编辑人数达到顶峰，随后，投稿量和编辑量出现令人担忧的下滑。[8] 失去有价值的编辑，维基百科将无法在激烈的在线竞争中生存下去。

为了扭转这一趋势，创始人吉米·威尔士设计了维基百科奖。[9] 这些奖励因稀缺性、贡献者和意义而异。比如，"每周最佳编辑奖"是为感谢编辑的工作经常颁发的社区表彰奖。"年度维基媒体贡献者奖"是在维基年会上颁发的奖项，表彰维基人的重大成就。最高奖励"杰出人物奖"授予维基媒体的开发人员，表彰他们为社区做出的杰出贡献。该奖励的数量非常少。这些无形的奖励带来了巨大的影响。2017 年，维基百科奖研究者亚娜·加卢斯报告说，他们将新人保留率提高了 20%，这一效果在首次颁奖后持续了一年多。[10]

有时，组织对稀缺性的利用做得太过分了，比如"三连冠奖"。该奖颁发给赛马运动中的冠军马，可以说是最稀有、最难获得的奖项之一，上届冠军马获奖还是在 42 年前。[11] 为了赢得奖杯，冠军马必须在三场不同的比赛中获胜，这三场比赛的赛道长度还不同。赛马与人一样，各有所长：有的擅长短跑，有的擅长长跑。鉴于该奖项的难度和稀缺性，大多数马主并不追求三连冠奖杯，不愿将自己的赛马训练成多面手。他们知道获奖的可能性很小，最好将精力用在赛马擅长的项目上。

另一方面，过于易得的奖励也会适得其反。全勤奖是最常见的教育奖励之一。从幼儿园到高中，老师都会颁发全勤奖来激励学生。然而，与通常的假设相反，全勤奖似乎不起作用，因为它向学生传递了一个意料之外的信号：既然那么多学生都能获奖，我为什么要在乎它？[12]

颁奖者是谁，颁奖依据是什么？

20 世纪 60 年代，传奇演员兼电影导演马龙·白兰度经历了职业生涯的滑铁卢。1972年,他因主演《教父》而大获成功,该片获得了1.35亿美元的国内票房,至今仍被视为有史以来最伟大的电影之一。[13]白兰度出色地扮演了冷酷又仁慈的唐·科莱奥内,被提名为奥斯卡最佳男主角。

1973年3月5日,第45届奥斯卡奖即将揭晓,所有目光都集中在主持人丽芙·乌曼和罗杰·摩尔身上。当摩尔宣布最佳男主角是马龙·白兰度时,人群沸腾起来。然而,接下来的一幕震惊了所有人:美国印第安女性萨钦·利特费瑟走上舞台,她摊开手掌,拒绝了奥斯卡小金人。气氛紧张起来。利特费瑟做了自我介绍,她是阿帕奇人,也是美国印第安人正面形象委员会主席。她代表白兰度表示,尽管获奖很荣幸,但由于电影界对美国印第安人形象的贬损,他无法接受这个慷慨的奖励。[14]

观众开始发出嘘声。利特费瑟说,她希望未来"我们的真心和理解将与爱和慷慨同在"。[15]此话一出,掌声淹没了嘘声。白兰度是有史以来第二位拒绝奥斯卡最佳男主角奖的人,他表示,接受一个奖励是对组织行为和价值观的彻底认同。[16]白兰度和利特费瑟在诸多反对声中仍坚持自己的价值观,拒绝支持鼓吹歧视的电影组织。他们在国际聚光灯下的举动让公众意识到电影业对美国印第安人的不公,激发了人们对奥斯卡奖的抵制。

白兰度的抵制是颁奖机构与获奖者价值观冲突的表现。然而,在大多数情况下,颁奖机构的声望和地位会让获奖者认为他们拥有共同的目标，从而增强对颁奖机构的认同感。多斯的荣誉勋章是美国总统以美国国会的名义颁发的，他非常尊敬颁奖者和颁奖机构，被总统接见是荣誉的一部分。在维基百科的例子中，为强调奖励的重要性，创始人威尔士亲自颁发"杰出人物奖"，并呼吁与获奖者建立联系。亚娜·加卢斯认为，对"维基人"的自我认同是该奖励保持积极影响的主要机制。[17]

如果颁奖机构的声望尚未确立（例如，颁奖机构是新成立的），那该如何激励？不同于用1万美元奖励战地英雄的情况，此时重金奖励有助于明确奖励的意义，使其成为一个有价值的自我信号和社会信号。例如，诺贝尔奖就设有巨额奖金。尽管阿尔弗雷德·诺贝尔的遗产数量备受争议，但重金奖励让诺贝尔奖在成立早期就成为重要奖励。随着时间的推移，它的重要性远远超过了货币价值。

我希望你相信，颁奖者是谁很重要，他们如何选择获奖者也很重要。获奖者是精挑细选的吗？是否从提名开始，经过全面的同行评估和专家评审？是否有些技术要求，比如出席人数？评选过程是否充斥着腐败？

多斯的荣誉勋章属于主观评价，是根据评委的意见和建议来评估获奖者的资格。当表现很难被客观衡量时（诸如"突破性发现"或"艺术成就"），主观评价可能是必要的。想想音乐界：虽然有客观评价，如《公告牌》的流量，但格莱美奖、黑人娱乐电视大奖和摇滚名人堂都起到主观委员会的验证作用。

然而，主观评价可能伴随着黑幕。2016年，丹泽尔·华盛顿获得金球奖终身成就奖。该奖项由好莱坞外国记者协会（HFPA）颁发，表彰"对娱乐业做出杰出贡献"的演员。[18]每年颁发一次，只有一人获奖。历届获奖者包括华特·迪士尼、摩根·弗里曼、朱迪·福斯特和罗伯特·德尼罗。[19]许多著名演员都希望获得这一荣誉，这将巩固他们在电影界的传奇地位。

华盛顿在获奖感言中说，他的好友、美国电影制片人弗雷迪·菲尔茨曾自信地预测他是获奖者。竞争如此激烈的奖励，很难预测哪个演员获奖。菲尔茨是怎么知道华盛顿会胜出的呢？

做出预测很简单：菲尔茨邀请华盛顿参加了当年举办的首次好莱坞外国记者午餐会。他告诉华盛顿："(HFPA)会看你的电影，我们会招待他们。他们过来后，你拿着杂志与他们合影，之后你就能得奖。"[20]华盛顿照着菲尔茨的安排参加了豪华的午餐会和电影派对，与金球奖评委合影并建立了私交。

华盛顿的获奖感言暴露了评选中的黑幕。毫无疑问，对这个故事感兴趣的是观众，而不是HFPA。华盛顿的故事只是冰山一角。《缪斯女神》的主演莎朗·斯通派人给HFPA评委送去84块金表，之后这部在"烂番茄"上评分为53%的电影获得了金球奖提名，这可能并非巧合。[21]

观众逐渐意识到，评选中存在倾向性投票，无法反映艺术家及其作品的真正质量。一旦评委会的权威或公正受到质疑（像华盛顿曝光的那样），奖励的社会信号价值就会降低。

结论很简单：颁发公正的奖励可以传递强有力的信号，起到很好的激励效果。认真考虑奖励的各个方面，塑造它所传达的故事。明智地使用奖励！

要　点

观众、稀缺性、颁奖机构的地位和评选过程会影响奖励的信号价值以及对组织的认同感。

利用激励识别问题

第四部分

一个男人向医生咨询他 37 岁妻子的问题。"医生,我很担心我妻子。我觉得她听力出了问题,"他说,"但我不知道怎么劝她做检查,我怕她胡思乱想。有什么好办法劝她去做检查?"医生安慰他说,听力会随年龄的增长而减退,建议他给妻子做个简单的测试。"下次你们在一起时,趁她背对着你,在房间的另一边小声叫她。如果她没听见,就靠近几步试试。如果还没听见,再靠近一点儿。"男人迫不及待地想试一下。那天晚上,他看到妻子坐在客厅沙发上,就在房间的另一边低声叫道:"简?"没有反应。他更担心了,靠近又叫了一声:"简?"还是没有反应。他凑上去,再次尝试:"简?"妻子转过头问:"叫了三次,什么事?"

我觉得这则老笑话既有趣又富有寓意。男人的判断彻底错了。人类行为研究者也犯过类似的错误,这或多或少令人汗颜。就像笑话里的那个人,经济学家和心理学家经常以为问题的根源在"人类",其实真正的根源在研究者。我们判定人们会犯错,并称其为"非理性"行为(学术语言中"愚蠢"的代名词)。然而,由于不理解行为背后的根本原因,犯错的恰恰是研究者自己。

不仅社会科学家会判断失误,医疗领域的犯错也很常见——出现的频率远远超出人们的想象。美国每年约有 1 200 万门诊患者被误诊。[1] 每 20 个患者中就有一个被误诊!如果误诊被及时纠正,没造成伤害也就算了。但如果错误没有被发现,那就可能给患者的身体和经济带来重创。为了有效治疗,医生要先确诊病情,因此需要扫描、抽血等一些程序性的检查。这些检查不能直接治病,只是提供诊断依据。只有确诊后,医生才能开始治疗。

如果一开始就诊断错误，那就不可能对症下药了。

到目前为止，我们讨论的大部分内容都是关于如何利用激励来解决问题的。激励也有助于问题的早期诊断，就像验血有助于疾病诊断一样。可以想象，当公司或政府着手解决错误问题却实施不当或无效的政策时，造成的经济和社会危害将有多严重。

错误地解决问题，原因可能在于错误的视角（见图 A-1 中的鹿）。

图 A-1　问题是什么？取决于发问者是谁

本书第四部分以 4 个例子来探讨如何利用激励更好地理解人们的行为动机。要从一开始就利用激励来正确地诊断问题，之后再寻找解决方案。

第十三章

美国学生的成绩真有那么差吗？

CHAPTER 13

周一上午8点，15岁的泰勒走进10年级教室。此时，30张课桌上摆着未打开的纸袋。他的呵欠变成了抱怨——这可不是什么好事。他走到后排，扑通一声坐在坚硬的塑料椅上，无精打采地等着同学们的到来。这时，格罗斯曼先生在黑板上写了"开始时间"和"结束时间"，他想："不会是要考试吧？但愿不是。"泰勒没能如愿。学生到齐后，格罗斯曼先生宣布，学校被抽中参加PISA，考试时长为3小时。随后，泰勒得知，考试结果不会影响他的成绩。亲朋好友永远不会知道他的分数。他和父母、学校也不会拿到成绩单。格罗斯曼先生开始计时。泰勒想，那就应付了事吧。

不到3小时泰勒就答完了卷子。毕竟，他没有任何动机参加考试或考出好成绩。他才15岁，美国标准化考试的全国排名对他来说几乎毫无意义。说到"排名"这个词的时候他就已经走神了。泰勒对PISA不屑一顾的态度在同龄人中很普遍。

尽管如此,标准化考试在教育领域被赋予了太多权重,人们将其视为衡量学业成绩的可靠标准。政策制定者将学生评估作为评价教育系统成功的方式,这种趋势愈演愈烈。美国学生的PISA成绩较差,多年来一直是一个令人担忧的问题。[1]

PISA是经济合作与发展组织(OECD)进行的3年一次的国际性评估,通过测试15岁学生的技能和知识来评估世界各地的教育系统。[2]来自72个国家的50多万名学生参加了这项考试,内容包括科学、数学、阅读、合作解决问题和金融方面的知识。[3]

与美国一样,许多国家根据标准化考试结果制定教育政策。我们之前提到,芬兰2000年的PISA成绩优异,分析人士称,其教学实践已成为世界典范。相反,德国的成绩出乎意料地差。随后,德国召开了一次部长会议,提出改善教育系统的紧急措施。[4]

根据2012年的PISA结果,美国高中生的数学成绩在65个参与该评估的国家和经济体中排名第36位,自2009年以来持续下降。[5]时任美国教育部长阿恩·邓肯犀利地指出:"我们必须将其视为一次警钟。我知道怀疑论者会质疑这个结果,但我们认为它准确可靠……如果不想推卸责任,那就必须正视教育落后的严酷事实。"[6]

关于这个话题,美国国内有很多说法。有人认为问题出在学校制度上,还有人将其归咎于社会经济因素(例如,普遍存在的不平等和后进生)、文化或美国家长教育孩子的方式。[7]但没有人停下来问,单凭考试成绩就能证明美国学生的能力很差吗?我和同事约翰·李斯特、杰弗里·利文斯顿、萨莉·萨多夫、秦向东、徐洋分析了一种截然不同的说法:如果问题仅仅在于美国学生不像其他国家的学生那样认真对待考试呢?[8]

考试成绩基于两个因素:学生的能力以及为考试付出的努力。常见的解释是,成绩反映了能力差异。我们认为,它也反映出各国学生对考试重视程度的差异。如果不同国家的学生对考出好成绩有不同程度的内在动机,那么缺乏动机的学生可能具备同等的智力和能力,但他们的分数不一定反映在低风险的考试中。如果该假设成立,相较于其他国家,美国学生的糟糕表现可能部分在于没有认真对待考试,而非实际能力的差异。也就是说,泰勒和他的朋友可能不在乎这类考试,因而没有动力取得好成绩,这并不意味着他们不如名列前茅的中国或芬兰同龄人聪明、博学,只说明他们考试时没用心。

为了调查公共政策制定者对问题的诊断是否有误,我们进行了一项激励实验,受试者是来自美国的高中生和中国上海的高中生。之所以选择中国上海,是因为它 2012 年 PISA

的数学成绩排名第一,而美国排名第36。我们采用的是官方考试的删节版,从PISA往年试题中搜集了25道数学题,让学生在25分钟内作答。

我们的操作很简单:对照组学生只需在25分钟内尽可能多地答题。对照组模仿了学生在实际PISA考试中的情况,即不存在取得好成绩的外部动机。图13-1的博弈树显示了对照组学生的决定。他们可以努力答题,但没有任何外部激励(博弈树中的结果1),也可以不费太多精力,快速、随意地答题(结果2)。

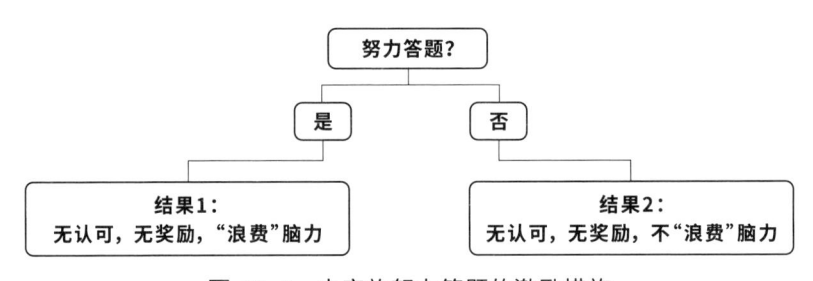

```
                努力答题?
               /         \
              是           否
              |            |
         结果1:         结果2:
    无认可,无奖励,      无认可,无奖励,
      "浪费"脑力        不"浪费"脑力
```

图13-1 未实施努力答题的激励措施

在美国,结果1并非言过其实。不知何故,总有人想当然地认为学生会在考试中尽最大努力。需要重申的是,被随机选择参加PISA考试的学生甚至连自己的分数都不知道。他们没有为之骄傲的机会,也没有因羞愧奋发图强的机会。没有人会在一年后拍着泰勒的肩膀说:"嘿,还记得你15岁时的那次考试吗?你考得很差,美国排名第36。太感谢你了,泰勒。"泰勒可能在考完几分钟后就把这事抛到九霄云外了,

而且很可能再也不会听到有关它的任何反话。许多15岁的美国学生会选择结果2，这不足为奇。想一下15岁的我，肯定也会这么做。

然而，为了验证我们的假设，证明问题症结在于努力而非能力，还需考虑其他因素。公共政策制定者倾向于将考试成绩的差异归因于中国上海和美国学生的能力差异。[9] 相反，我们的假设是，中国上海学生更有可能在低风险考试中付出努力，只是因为他们被要求这么做。为什么？原因之一是中国文化强调努力，而美国文化强调天资。在中国，努力还受到集体自豪感的激励：学生知道自己在PISA考试中的成绩代表国家的学术能力，这激励他们更加努力，以展现其爱国情怀。老师也可能会提到这一点，强调考试的重要性，进一步鼓励学生竭尽全力。这是有关态度的文化差异，我们需要通过实验加以证明。为此，我们使用了激励（你猜对了）。为了让学生认真应试，我们提供了什么前所未有的激励措施？

> 周一上午8点，卢卡斯走进10年级教室。30张桌子上，每张都放着两个未打开的纸袋。抱怨的话刚说了一半，他发现一个纸袋露出一条绿边。他跑到自己的座位上，预感得到了证实：第二个纸袋里装着25张崭新的1美元钞票。他不禁睁大了双眼。同学到齐后，菲茨杰拉德先生宣布他们学校被抽中参加一项实验。试卷共有25道题，答错一题扣1美元。如果25道题全部答对，25

美元将归他们所有。菲茨杰拉德先生开始计时。"等着瞧吧！"卢卡斯咧嘴一笑，一副势在必得的样子。

没错，我们用金钱来激励。实验组的学生一落座就得到 25 美元，他们被告知，答错一题扣 1 美元（给中国学生的是等值的人民币奖励）。我们运用了第九章讨论的"损失厌恶"心理。想到拿到手的钱可能会失去（在将来少拿几美元），比一开始没拿到更痛苦。受损失厌恶的影响，该方案也比答对一题奖励 1 美元的激励效果更强。

我们设计了可进行比较的 4 个实验组：美国学生 vs 中国上海学生，两组都有奖励，或两组都没有奖励。值得注意的是，我们希望确保激励只影响考试中的努力程度，不影响备考时的努力程度。为达到这个目的，实验组学生在即将开考时才知道有现金奖励，这样，其行为的前后差异只与答题态度相关。

此时，美国高中生的代表在做决定时面临两种截然不同的激励。他们可以付出更多努力，认真答题，拿到 25 美元（图 13-2 博弈树中的结果 1），或者快速、随意地答题，拿到很少的奖金（结果 2）。

学生有了认真答题的强烈动机，因为他们有可能赚到钱。激励是否足够强，使结果 1 的吸引力大于结果 2？确实如此。

实验结果证实了我们的假设：面对激励，中国上海学生的表现几乎没有变化。显然，他们在没有激励的情况下已经

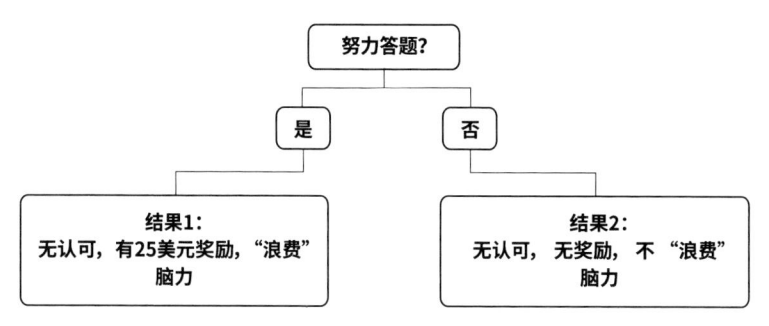

```
           努力答题?
          /        \
         是         否
         |          |
      结果1:      结果2:
   无认可，有25美元  无认可，无奖励，
   奖励，"浪费"脑力  不"浪费"脑力
```

图 13-2　实施努力答题的激励措施

尽了最大努力，额外激励不能改变什么。

然而，美国学生的分数大幅上升。在激励状态下，美国学生的答题数量和正确率都提高了。我们估计，如果美国学生在实际的 PISA 中能获得奖励，美国与中国上海的排名差距将缩小一半左右，从目前的第 36 名提高到第 19 名。

人们假设，PISA 等标准化考试反映出了学生的真实能力，以及不同国家教育体系的有效性，基于该假设的教育支出高达数十亿美元。美国的教育政策受到标准化考试的影响，认为美国学生的能力低于其他国家的学生。事实上，尽管考试结果部分反映了学生的能力，但也受到内在动机和有关低风险考试态度的文化差异的重大影响。激励的运用揭示出，考试成绩不能完全与能力画等号。

PISA 实验证明，将激励作为诊断工具正确识别问题是至关重要的步骤。请注意，我并未建议要为学生的答题努力付费，我只是说，对小样本实施激励有助于诊断问题。就像看病一样，解决问题的第一步是正确诊断问题。还记得那个误以为妻子听力下降的笑话吗？不要轻易假设你知道问题的根源，无论何时何地，都要用实验来检验你的直觉。

> **要　点**
>
> 数据拒绝了这一假设，即"低风险考试只反映学生的能力差异"。基于该假设的公共政策可能会造成浪费。

第十四章

间接费用厌恶：非营利组织的坏名声从何而来？

在昨晚的会议上，一家著名的贫困儿童慈善机构的首席执行官发表了一场感人的演讲，你被打动了，决定捐赠1 000美元。你早上把钱汇过去，心里暖暖的。之后，你赶往机场，搭乘回家的航班。在办理登机手续时，你的心情依然很好。上了飞机，你开始寻找自己的经济舱座位。这时，你在商务舱看到一个熟悉的面孔，正是那个首席执行官。你有何感想（图14-1）？

你可能会愤愤不平，甚至有点儿恼火。你后悔签了那张支票，感觉你的捐款只是在帮他支付商务舱的机票。你并不是唯一有这种感受的人。很多人不喜欢间接费用高的慈善机构（间接费用是指不直接用于主要目标的费用，包括首席执行官的差旅费）。出于对间接费用的偏见，在做捐赠决定时，我们通常不会考虑捐赠效果。由于没有时间和精力做研究，我们只考虑一个问题：我的捐款有多少是用来支付间接费用的？这种担忧凸显了另一问题：为什么人们不愿支付间接费用？答案正是本章的主题。在深入研究之前，我们需要了解一些背景知识。

图 14-1　富有同情心的一天

慈善事业一直强调捐赠的巨大潜力和影响。许多人相信捐赠能带来有意义的改变。2019 年，美国慈善机构收到的个人捐款近 3 000 亿美元。[1] 然而，即使在慈善领域，以经济激励推动组织发展也是很重要的。

在 2013 年的 TED 演讲中，活动家兼筹款人丹·帕洛塔指出，双重标准导致大众与慈善机构关系破裂。他认为，在涉及非营利组织时，我们将节俭与道德等同起来——我们密切关注非营利组织的支出，奖励它们花得少，而非做得多。我们似乎对非营利部门使用一套规则，对其他经济领域使用另一套。对普通公司的首席执行官，我们的评价依据不是费用，而是工作成果，比如公司利润。帕洛塔认为，以双标规则区别对待非营利部门，导致其无法充分发挥潜力。[2]

双重标准在员工薪酬中尤为普遍。私营部门通过卖书籍或武器赚取数百万美元没问题，但如果你通过试图治愈癌症的非营利组织赚到同样的个人收入，你就会遭到各方的诽谤和谴责。一般人认为，在银行工作的MBA毕业生拿到40万美元年薪很正常，但慈善机构的首席执行官也应该赚那么多吗？绝对不能接受。这种扭曲的公众认知促使人才离开慈善领域。那些能在非营利部门发挥巨大作用的人最终选择了营利部门，因为他们不愿或无法终其一生都做出经济牺牲。

回到间接费用厌恶的话题——我喜欢这个话题，原因之一是，作为经济学家，我明白在捐赠时应关注捐款的整体效果，而不是慈善机构的间接费用。然而，作为一个人，在走向经济舱座位时，看到首席执行官坐在商务舱，我会感觉很糟糕。换句话说，尽管我知道应该关注效果而不是间接费用，但实际上，两者我都关注。当然，很多人都如此：研究表明，无论成本效益如何，捐赠者都更青睐间接费用低的慈善机构。[3]

产生这种现象有两个原因。第一个原因，间接费用高可能意味着组织效率低下，管理者工作不力。第二个原因，可能意味着慈善机构内部存在腐败，比如高消费或贪污。这两类案例我们都有所耳闻。因此，捐赠者可能会很谨慎，将慈善机构的间接费用支出看成工作成效的信号。

虽然我认可这两个原因，但受到商务舱首席执行官这一思想实验的启发，我提出了第三个原因，它与捐赠者的感受直接相关：捐赠者希望他们的钱对慈善事业产生直接影响。当知道自己的捐款直接用于孩子的午餐而非首席执行官的商务舱座位时，他们会感觉自己产生了更大的影响。换言之，想到自己的钱全花在孩子身上，会放大他们的自我信号，让他们确信自己是赈贫济乏的好人。

我和艾莱特·格尼茨、伊丽莎白·基南发出自问：这种感觉会是人们不愿为间接费用买单的原因吗？[4] 上述三个原因，哪个是间接费用厌恶的主要因素？除了单纯的好奇，我们认为，深入理解背后的原因可能有助于发现一种增加捐款的新方式。我们的想法源于一个简单的思想实验：假设你是一家慈善机构的首席执行官，刚从一位慷慨的捐赠者那里获得资金，发起新的筹款活动。这笔善款将作为激励基金，你将如何利用它，最大限度地提高捐款总额？

这不仅仅是一个假设——当收到大额捐款时，慈善组织的董事会成员都会提出这个问题。一直以来，慈善机构解决该问题的方式主要有两种：(1) 将初始善款作为种子资金（"一位慷慨的捐赠者为慈善事业捐赠了 1 000 万美元"）；

（2）使用配捐模式，慈善机构用初始资金来匹配新捐献的每一美元。研究表明，初始善款的两种用途（种子资金和配捐）都能有效提高捐款额。[5] 在实验中，我们希望将激励作为一种诊断工具，提供一种新的筹款方法，揭示人们为什么不愿为间接费用买单。为此，我们提出了第三种激励措施：告诉捐赠者，他们的捐款不会用于间接费用。

回想一下，在会议上，首席执行官及其慈善机构向你承诺，你的捐款将全部用于支付贫困儿童的餐费。非营利组织的所有管理费用，包括薪酬、差旅和其他行政费用由其他人支付。现在，当你在商务舱见到慈善机构的首席执行官时，你的感觉就没那么糟糕了——你的钱没花在他的机票上，而是直接用于慈善事业。这有助于缓解你的负面情绪吗？

我们认为答案是肯定的。如果是这样，它就可以检验我们的假设，即人们不愿支付间接费用，当确信捐款被直接用于解决问题时他们才更愿捐款。验证这种直觉可以指导我们更好地使用初始资金吸引更多捐款，还可以通过规避间接费用厌恶来提高捐款总额。为了在实验中测试这种激励效果，我们使用初始善款来支付慈善机构的间接费用，让所有后续捐款都直接用于慈善事业，而非间接费用。

与PISA的例子一样，我们进行了一项现场实验，系统地诊断间接费用厌恶背后的原因，并测试两种标准解释是否遗漏了一个重要因素：与捐赠者自己的捐款相关的情感。我们与某教育基金会合作，该基金会购买了一项权利，可以向4

万名潜在的美国捐赠者发送一次性劝捐信。在过去的 5 年里，这些捐赠者曾为类似的事业捐过款。所有受试者都知道基金会的新计划，知道募捐金额为 2 万美元，并被要求为这个目标捐款。

我们和基金会一起争取到激励资金，创建了 4 个不同的小组，每组获得不同类型的捐赠激励。具体来说，我们从 4 万名往年捐赠者中随机抽取 1 万名组成一组，给每组不同的激励：

- 对照组：未提供额外奖励。
- 种子组：告诉受试者，基金会从私人捐赠者那里获得了 1 万美元的项目捐助。
- 配捐组：告诉受试者，基金会从私人捐赠者那里获得了 1 万美元的项目捐助，这笔钱将被用作配捐资金。其中的每一美元都会配捐。
- 无间接费用组：告诉受试者，基金会从私人捐赠者那里获得了 1 万美元的项目捐助，用于支付所有间接费用。之后募集到的善款都将直接用于该项目。

这项现场实验可以让我们了解到，什么因素阻碍了捐赠者向间接费用高昂的组织捐款：是间接费用的规模，还是谁为这笔费用买单？在匆忙下定论之前，重要的是先诊断间接费用厌恶的根本原因。我们假设，如果项目相关的所有间接费用都已支付，那就会激励捐赠者捐款，因为他们可以确保自己的捐款直接用于项目。

图 14-2 的数字显示了通过 1 万封劝捐信在每组筹集到的

善款。实验证明，种子组和配捐组的捐款额高于对照组，但无间接费用组的效果更好。

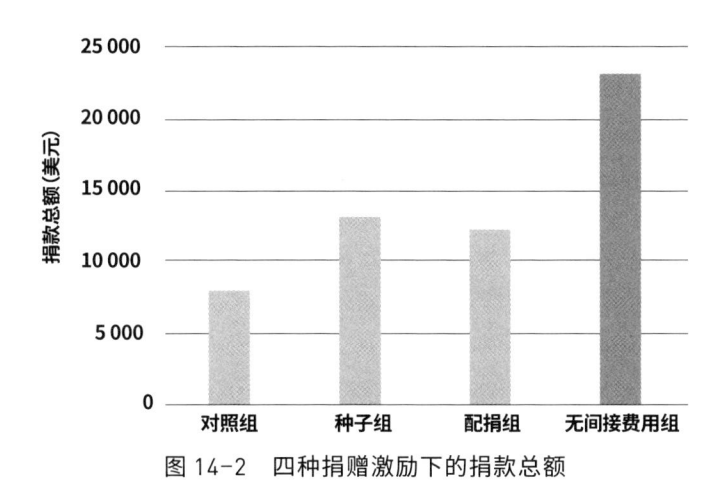

图 14-2　四种捐赠激励下的捐款总额

这一结果的主要原因是，无间接费用组中有更多的人被说服了。通过告知潜在捐赠者初始善款将被用于支付间接费用，该组的捐款人数和捐款总额比前两组有了大幅提升。

实验结果帮助我们诊断了间接费用厌恶背后的原因，表明另一种解释很重要：捐赠者不仅关注慈善事业，也关注慈善行为给他们带来的感觉。

理解间接费用厌恶背后的原因不仅是一种理论演练，也有助于增加捐款额。一种方法是"开导"100 美元的小额捐赠者，让他们明白为何不需要关注间接费用，只需关注捐款效果。然而，小额捐赠者数量太多，该方法实施起来难度很大。此外，慈善机构的影响力也很难衡量。[6]

想象一下，你是一家医院发展部的负责人，有人要向医院捐赠 500 万美元。你可以告诉捐赠人这笔钱的用途——用于盖新楼或购买最先进的机器。你也可以说服捐赠者，用这笔钱来支付为医院发展筹集资金的间接费用。这番交流的结果可能是，医院为小额捐赠者提供一项政策，即他们的捐款不会用于医院的间接费用（他们都很关心自己的捐款是否直接用于慈善事业）。我们的研究表明，这种方式有助于提高捐赠次数和捐款总额。将 500 万美元用于间接费用，可能比用于盖楼更有效。

一家名为"慈善：水"的非营利组织就是这么做的。它分为两个独立部门："慈善：水"和"井"。前者收到的捐款全部用于慈善事业。后者则由一群私人捐赠者组成，他们支付所有间接费用。[7] 该方法既满足了个人愿望，又顾全了大局。它能让组织集中精力游说少数大额捐赠者，将其捐款用在支持组织发展和维护基础设施等间接费用上。另一方面，公众的捐款不用于间接费用，会让他们感觉良好。这是一个双赢的解决方案！

笼统地说，支付间接费用的相对效率再次证明了掌控故事框架的重要性。从传统经济学的角度来看，我们现场实验测试的 3 种激励毫无差别。但是，就像引言中可口可乐的例子表明的，故事的讲述方式很重要。找到人们关注的框架，你的激励会更有效。

> **要　点**
>
> 间接费用厌恶的根源不仅仅是对腐败、低效和超支的担忧，强调捐赠者的个人影响也很重要。

第十五章

"有偿离职"策略：用钱让员工表态

CHAPTER 15

　　设想一下，你是一家中型公司的项目经理，手下有几十名员工。你经常遇到这种情况：给员工分配简单的任务，期望得到完美的结果，他们的表现却乏善可陈。考虑到员工的资质和过去的成就，你不认为这是能力问题。表现不佳的原因是什么？有许多貌似合理的解释，比如时间仓促、健康问题和缺乏动力。经过沟通，很容易排除一些外在因素，但当涉及员工的动机时，我们几乎不可能得到真相。

　　没错，从员工踏进公司的那一刻起就如此。谈判中的谎言在某种情况下是可以接受的：在面试新工作时，无论真实感受如何，你都应该表现出对公司的兴趣。在大多数谈判中，正确的策略是保持冷静并试图说服对方，即使你很想达成协议，至于能争取多少并不重要。设想一下，你走进一家二手车经销店，说："哇！这款车我已经找了一年多。它真是辆好车，还很别致——我想买！多少钱？"你可能会因此付出高价。然而，在求职面试中，情况恰恰相反。充满热情的候选人对公司更有价值。最好的策略是充分表现出对这份工作的兴趣，即使略带夸张也没关系。

既然每个人都有表现热情的动机，雇主如何分辨真伪？询问员工的工作意愿毫无意义，他们会说："我很愿意！"虽然有些员工说的是实话，但无法区分谁真的有动力，谁缺乏动力。

你如何确定员工表现不佳的原因是缺乏动力？为了诊断激励问题，我们在行为经济学中实施的一个策略是，创造一种与说实话"相容的"激励情境。我们想激励员工展现真实的想法，而不是向他们提问，那只会得到曲意逢迎的答案。

作为雇主，如何创造展现员工工作意愿的环境？一些公司采用了有趣的"有偿离职"策略。最早实施该策略的是美捷步，它向员工提供 2 000 美元的离职金。随后是亚马逊，提供 5 000 美元的离职金。视频游戏公司 Riot Games 更是加大了赌注，离职金高达 2.5 万美元，而且没有附带条件。[1]

在致股东的年度信中，亚马逊首席执行官杰夫·贝佐斯解释了"有偿离职"策略：

> 该策略很简单。每年，我们都向员工提供离职金。入职一年是 2 000 美元，之后每年增加 1 000 美元，最高 5 000 美元。离职邀约的标题是"请不要接受此邀约"。

我们不希望员工接受，而是希望他们能留下来。为什么提出这个邀约？目的是让员工花时间思考自己真正想要什么。从长远看，在不喜欢的地方工作，对员工和公司的健康发展都不利。[2]

"有偿离职"策略是一种巧妙的方式，通过"用钱让员工表态"检验其工作意愿。公司无须询问员工的真实感受，只需要给他们一个选择，然后观察结果。在大多数公司，心怀不满的员工没有动机表露真实感受，额外的金钱激励让压抑的代价变得高昂。"有偿离职"让说谎变得昂贵，对那些特别不满的员工来说更是如此。这种激励足以让一些人另谋出路。它不仅可以作为诊断工具，揭示员工是否缺乏动力，还提供了解决方案：缺乏动力的员工可以愉快地离开，这对员工和公司来说是双赢的结果。离职时员工可以拿到不菲的奖金，公司也会受益，因为拒绝离职金、选择留下的员工有更大的动力实现长期目标。[3]

"有偿离职"由美捷步首创。在 2009 年被亚马逊收购之前，美捷步的年销售额从 2003 年的 7 000 万美元增长到 2008 年的 10 亿多美元。《哈佛商业评论》的比尔·泰勒将其成功部分归于卓越的客户服务。这家公司"独树一帜"，客服人员风趣幽默，能为客户提供满意的服务，离职金是筛选员工的关键因素。[4]

有偿离职是一种极端的策略，但作为经理，你可以寻找一些信号，表明员工留下来并不是因为他们别无选择，而是因为他们在诸多有吸引力的选项中选择了本公司。

我曾与一家大型咨询公司合作，该公司对"有偿离职"激励很感兴趣。公司员工的最终目标是成为合伙人，大多数刚入职的员工都没有实现这一目标，他们获得了经验和知识，然后跳槽到其他公司，从过去的工作中受益。离职过程对公司和员工都有好处，员工通常心怀感恩，友好地离开。

这家咨询公司有一个具体的问题：它正在推动运营方式的重大技术变革，要求员工投入时间学习新技术，从而彻底改变工作方式。有人欢迎变革，有人却想墨守成规。公司面临着逆向选择：不知道哪些员工真正想要做出改变。简单的询问只会得到肯定的答复。

比如，公司以 5 年为基准对员工进行评估。如前所述，询问员工工作是否开心，只能得到一种回答："开心！"即使没有太大的积极性，且有意在近期离职，员工也不会透露真实想法。如果能提供一笔丰厚的离职金，公司就可以了解现阶段员工的真实意愿。为说明情况，我们将员工的决策过程绘制在图 15-1 的博弈树中。

如果员工真想辞职，公司最好能及时了解情况，发放一笔丰厚的离职金让他离开，他会像称职的大使那样说些老东家的好话。在结果 1 中，缺乏动力的员工接受了邀约，"有偿离职"帮助公司节省了低质量员工的成本，该成本会随着时间的推移而大幅增加。

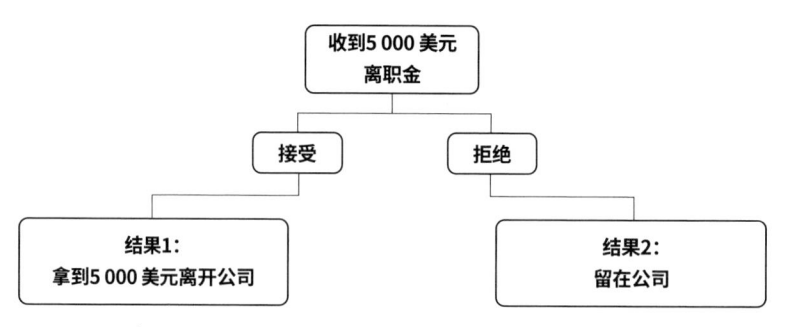

```
                收到5 000美元
                   离职金
                  /      \
               接受       拒绝
                |          |
            结果1:       结果2:
       拿到5 000美元离开公司   留在公司
```

员工在面对"有偿离职"时的决定：员工的效用。

如果有足够的动力长期留下来，那么结果1＜结果2→拒绝离职金。反之，结果1＞结果2→接受离职金，离开公司。

图 15-1　收到 5 000 美元离职金

在结果 2 中，放弃离职金的员工表现出坚定的决心，努力争取成为合伙人。结果是，选择留下来的是干劲更足、工作更出色的员工。有关在线劳动力市场的研究表明，与未受激励的对照组相比，拒绝离职金的员工平均任务准确率高出28.3%。[5]

此外，该情境下的心理学表明，沉没的机会成本会影响后续行为。通过放弃离职金，员工向自己传递信号，表明他们对待工作是积极认真的。他们认为有必要向自己证明，放弃离职金，更努力地工作，并致力于长期目标是值得的。阿姆斯特丹大学健身房的一项现场实验证实了这一观点。健身房为部分新会员的退出提供全额退款，并支付最初会费10%的现金。与对照组相比，拒绝退款及现金的实验组会员每周去健身房的次数增加了 0.29 次，再次续费的可能性增加了

4%，处理后的得分提高了 0.76 分（10 分制）。[6]

> **要　点**
>
> 提供离职金可以淘汰干劲不足的人，给决定留下来的员工提供长期工作的机会。如此一来，"我积极上进"就成了可靠的信号。

第十六章

自我欺骗：欺骗与自我信号

CHAPTER 16

你是否遇到过这种情况：以为自己的车只是出了点儿小毛病，去找修理工，结果却收到一大笔账单，上面写着不明所以的"维修大项"。我遇到过。你有没有因背痛去看医生，却被告知最佳方案是做手术？我经历过。但和大多数普通人一样，我缺乏必要的专业知识来判断这些建议是否对我最有利。

作为消费者，我们的知识有限，在做决定时我们经常依赖专家的忠告和建议。然而，这些建议并不总是最好的。上述情况的共性是，建议者和消费者之间信息不对称：修理工比我更懂修车，医生比我更了解如何缓解背痛。因此，信任是这类关系的重要组成部分。想想你的医生，他们努力获得医学学位是为了治病救人，而不是为了敲竹杠。虽然医疗领域充斥着信息不对称和利益冲突，但你依然相信医生会将你的健康放在首位。

然而，医疗领域存在过度治疗的问题。据估计，美国每年因此造成的浪费高达7 650亿美元。[1] 部分原因是医生推荐了不必要的手术，这些手术能让他们直接获益。例如，手术治疗背痛的案例并不罕见。事实证明，很多背部手术是不必要的，甚至是有害的。[2] 除了不必要的手术，大部分医疗浪费来自过量的处方药。研究表明，拿回扣的医生与不拿回扣的医生开药的方式不同。[3] 医生怎么能将自己的经济利益置于患者的健康之上？

不仅是医生如此，理财顾问通常也会从某些产品中直接获益。虽然有些顾问可能会忽略激励因素，向客户提供公正的建议，但许多顾问会为了多赚钱给出倾向性建议，有时牺牲了客户的最大利益。与医生的情况一样，理财顾问的薪酬结构也很重要。最常见的两种结构是"只收顾问费"和"佣金提成"。前者只收咨询服务费，通常以资产的百分比计算，顾问不会因推荐的金融产品获益。而"佣金提成"结构的顾问通常隶属于注册经纪人或保险公司，他们会根据推荐的产品赚取佣金。[4] 这些赚取佣金的顾问经常向客户隐瞒真相。他们牺牲客户利益推荐利己的产品，背后的动机是什么？他们怎样调和金钱收益与职业操守受损的矛盾？

如果专家提出糟糕的建议，他们可能会感到内疚。用我们的术语来说，他们可能会收到负面的自我信号。顾问经过反思，可能会觉得自己欺骗了客户，算不上一个正直的人。

"幸运"的是，有一个解决方案。为减轻金钱收益和自我形象之间的冲突，顾问可能会自我欺骗，让自己相信其建议是合乎道德的。医生可能会说服自己，手术不仅使收益最大化，也是最利于患者的疗法。

成功的自我欺骗的诀窍是，在建议中留出模糊地带或主观性空间。就手术的必要性而言，缓解背痛的最佳方法通常属于主观评估，没有反事实的结果证明手术是过度治疗。专家利用这种模糊性说服自己，最赚钱的建议正是他们的客户最佳的行动方案，以此挽回受损的自我形象。

我和同事西尔维娅·萨卡尔多、玛尔塔·塞拉-加西亚、罗埃尔·范维尔杜伊岑想了解这种自我欺骗的运作方式，利用激励诊断倾向性建议背后的心理，即人们如何因激励提出利己的建议，同时仍相信自己的行为符合道德规范。[5]为了做到这一点，我们设计了一个简单的"建议游戏"，顾问的任务是向不知情的客户推荐A或B两个投资选项。我们系统地控制了顾问的自我欺骗能力，即顾问为自己的利润最大化建议所做的辩护的力度，并测量了建议的偏倚程度。

我们的"建议游戏"很简单。顾问知道有两个选项。A投资是2美元和4美元的五五开彩票。B投资是1美元和7美元的五五开彩票。我们创建的这两个彩票，B的预期收益（4美元）高于A（3美元）。但是B有更高的方差。思考一下：你会选择哪项投资？

游戏中的顾问被要求向客户推荐投资选项。我们没有向客户透露投资信息，这些信息只有顾问知道，客户唯一的信息来源是顾问的建议。

我们是这样检验自我欺骗的：对照组顾问没有动机推荐任何一项投资，该组 31% 的人建议 A 投资，其余的建议 B 投资。显然，大多数顾问认为 B 投资更好。

然后，我们将这一结果与两个实验组进行对比。在实验组中，顾问推荐 A 投资有 1 美元奖励。激励是否足以使他们的建议产生偏倚？事实证明，这取决于他们得知激励的时机。

在"预知"实验组中，我们先告知激励措施，后告知投资细节，再询问顾问的建议。相反，在"后知"实验组中，我们改变了信息的顺序，先介绍投资选项，让顾问思考（无须告诉我们，只是想一想）哪个更好，然后告诉他们推荐 A 的激励措施。

图 16-1 显示了实验流程。

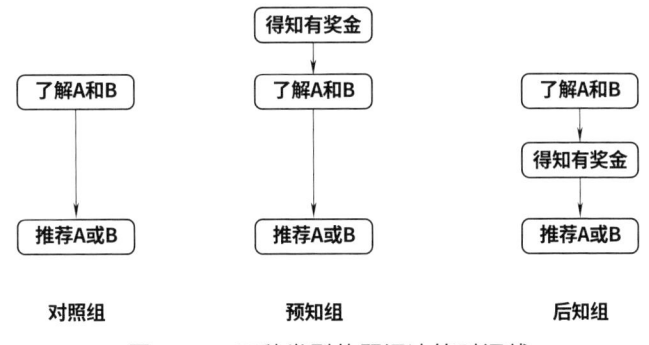

图 16-1　三种类型的顾问决策时间线

为什么要对顾问获知激励的时间进行差异化处理？如果顾问在评估之前获知激励措施，他们就会自我欺骗。他们可以通过说服自己来扭曲信念：推荐A并拿到奖金，这也是客户的最佳选择。当得知激励措施再去阅读投资说明时，他们就已经有倾向性了。他们想方设法证明选择A的合理性，并说服自己，客户也更愿意选择A。例如，为了证明A的好处，他们会说，哪个选项更好没有定论，这取决于客户的风险偏好。A的方差较小，对客户来说更安全。

如果我们颠倒顺序，在顾问评估之后（B选项对客户更有利）告知他们存在激励措施，他们无法让时间倒流，说服自己A更好。如果顾问在了解激励措施之前对投资进行了评估，自我欺骗会变得更困难。在这种情况下，顾问无法做到既推荐A，又保持积极的自我形象。

以下是我们的发现：如前所述，在未受激励的对照组中，只有31%的顾问推荐A。但是，当我们在评估之前告知推荐A会赚更多的钱时，这一比例几乎增加了一倍，达到61%。反之，在评估后告知，只有33%的顾问选择A，与对照组选择A的比率相比，没有统计学上的显著差异。利用激励，我们成功地诊断了倾向性建议的"道德"困境，揭示出顾问在面对利己建议时，为保持积极的自我认知进行自我欺骗的心理过程。

将实验结果与推荐不必要治疗的医生联系起来，可以得出结论：医生可能真的认为那是正确的疗法。他们在提出建议之前就知道激励措施,但并不认为自利行为会影响他们的选择。数据支持了这些偏见。例如,当记者询问医生对过度治疗研究结果的看法时,"这些从医药行业获得丰厚报酬、品牌药的处方率高于平均水平的医生表示,其行为符合患者的最佳利益"。[6]我们的研究表明,他们可能真的相信这一点,但他们可能是受到了激励的影响,用自我欺骗来避免负面的自我信号,以此保护自我形象。

这一发现揭示了倾向性建议背后的决策过程,对系统创建者提出了挑战(在这些系统中,知情的顾问会倾向于某个建议及结果)。解决方案之一是创建或分享一些系统,在这些系统中,客户的选择与顾问的经济利益无关。例如,作为患者,你可以咨询其他医生的意见,他们与你的决定不存在经济关联。另一个解决方案是设计程序,提高自我形象的成本,防止有道德的偏见者做不道德的事。

要 点

顾问以牺牲客户的利益为代价推荐利己的选项,自我欺骗让他们不会感到愧疚。

激励如何改变行为

第五部分

> 以我的经验来看，没有缺点的人也没有优点。
>
> ——亚伯拉罕·林肯

"10，9，8，…3，2，1。新年快乐！"时钟敲响12点，桑德拉和朋友们齐声欢呼跳跃，庆祝人生的新篇章。桑德拉目光炯炯，坚定地向朋友宣布："今年，我要锻炼出好身材，至少减掉15磅。"朋友纷纷表示支持和鼓励。随后，不少人分享了自己的新年决心，有的说要存更多的钱，有的说要健康饮食。当派对结束时，每个人都活力满满、动力十足。然而，几周后，桑德拉取消了健身房会员资格，理由是工作太忙，办健身卡纯属花冤枉钱。

这种情况不限于新年决心。以55岁的约翰为例，他每年都会进行一次体检。这次，他从医生的表情中知道有坏消息了。医生告诉他，他超重30磅，患有前驱糖尿病，中风的风险很高。医生建议他服用处方药，健康饮食，每天至少步行30分钟。走出医生办公室，约翰做出了改变的决定。然而，两天后他却坐在沙发上看重播的《老友记》，走的寥寥几步还是从沙发到冰箱，去拿一瓶冰啤酒。

人们会将桑德拉和约翰的情况视为个案，嘲笑他们意志薄弱或缺乏自制力，但他们并非例外。许多人都曾有始无终。宣布"新年新气象"很容易，设定雄心勃勃的长期目标也不难，难的是坚持到底并兑现承诺。美国的健身房数据显示：1月的会员购买量比其他任何月份都多，约占全年购买总量的11%。[1] 然而，许多人都像桑德拉一样，无法持之以恒。到1月底，约有50%

的美国健身房新会员放弃了会员资格，只有 22% 的人坚持到 10 月。[2]

人们似乎对远期自制力过度自信，从而高估了改变行为的能力，比如坚持去健身房锻炼。这可能会造成大量的经济损失。斯特凡诺·德拉·维尼亚和乌尔丽克·马尔门迪尔是加州大学伯克利分校的教授，他们分析了 7 752 名美国健身俱乐部会员在 3 年内的合同选择，发现 70 美元以上的月卡会员月均只光顾 4.3 次，也就是说，每次费用超过 17 美元。根据他们的计算，80% 的会员还不如使用每次 10 美元的 10 次卡。他们人均浪费了 600 美元，斯特凡诺和马尔门迪尔将这种行为称作"付钱不去健身房"。[3]

浪费行为的原因有两个。首先是我刚刚提到的"过度自信"：报名时过于乐观，高估了自己将来去健身房的次数。另一个原因可能是在跟自己较劲。我知道，我很难从沙发上爬起来去健身房，如果购买次卡，每次只花 10 美元，那么我更有可能待在沙发上不起来。因此，我宁愿提前支付会员费，少给自己一些不去健身房的借口。

回到约翰的例子，他在就医几天后又躺在沙发上不起来了。这种状况反映出行为经济学家和政策制定者在利用激励改变习惯时面临的挑战。还有什么动机比约翰的更强？他的处境可谓生死攸关。约翰没能改变自己的行为并非信息或动机不足。患前驱糖尿病的警告让他心惊胆战，相较于他人提供的动机，危险病情引发的动机要强烈得多。毕竟，约翰要彻底改善健康状况，并不需要跑马拉松，只需要每天步行半小时。

在改变动机非常强烈的情况下，行为科学家尝试引入外部激励。越来越多的研究想要找出哪些外部激励有效，哪些无效。宾夕法尼亚大学经济学家凯瑟琳·米克曼和心理学家安杰拉·达克沃思领导着一个著名的团队，名为"迷途知返"。这是一个跨学科的学术专家团队，米克曼和达克沃思将其介绍给大型组织，并一起去测试改变行为的有效因素。他们开展了大规模研究，同时检验科学团队改变目标行为的最佳方案。我发现，包括行为干预和激励在内的方法有着很好的应用前景。

学术知识也可以转化为经济成就。几年前，时年 22 岁的萨曼莎·潘塔佐普洛斯刚刚大学毕业，她想约我探讨她构想的一款应用程序。在我的办公室里，她介绍了自己的想法，我们讨论了一个小时。我经常遇见创新达人，但萨曼莎非同一般。她的想法很有趣，更重要的是，她有一股志在必得的干劲。她说服堂兄迪伦·巴伯（美国广播公司《单身天堂》第六季的演员），共同创立了 Vizer。⁴ 他们的想法很简单：开发一款通过智能手机、苹果手表或 Fitbit 记录器跟踪健身活动的应用程序，利用数据激励用户完成每日的健身目标。其中一项措施是社会性的：每次用户达到目标，慈善组织供养美国就会捐赠一顿饭。我们在第十一章探讨过这种社会激励。另一项激励措施更传统：用户达到目标后会获得积分，可兑换健康奖励。那是 4 年前的事了。迪伦和萨曼莎一直致力于应用程序的开发，已成为健身领域的佼佼者。

在讨论激励如何发挥作用之前，有个问题需要澄清：人们没能改变自身行为是一种过错吗？约翰没能每天步行半小时，桑德拉没能完成锻炼目标，他们有错吗？传统经济学家将其视为过错，认为人是完全理性的动物，能够完美地整合新信息并做出反应。我的思考方式不同。我不去评判某件事是否做错了，而是提出一个更简单的问题：我能做些什么？我不知道桑德拉和约翰是否缺乏理性，或者是否犯了错，我只知道他们想改变自己的行为，但由于某种原因失败了。找到一种改变行为的方法，让这类人采纳并达成目标，才是真正的挑战。

人们无法持之以恒地改变行为，背后的心理是什么？如何利用激励养成好习惯，减少坏习惯？本书第五部分讨论的正是这些问题。最重要的是，当人们想改变行为时，我们如何激励他们以最小的成本做出改变。激励可以帮助我们省下一笔钱，养成好习惯后节省得更多。有效的干预会导致行为改变，即使在激励终止后，这种改变也会持续下去。在这一部分，我简要描述了激励影响行为改变的 4 种方式，内容基于我与阿格尼·卡杰凯特、斯蒂芬·迈耶的研究成果。[5]

在各个领域，人们为长期行为改变付出了大量努力，激励或许会对人们有所帮助。改善健康、提高生产力、加强环境保护和增加储蓄等诸多改变的关键是：了解激励措施与其他动机相互作用的方式。

第十七章

培养习惯：积跬步以至千里

CHAPTER 17

约翰计划每天锻炼 1 小时。他第一次去健身房很痛苦，只锻炼了 10 分钟，回家时已是汗流浃背、筋疲力尽。第二天醒来浑身酸痛，脂肪一点儿都没少。但如果坚持下去，他就能积累运动实践和经验，时髦的说法是，建立自己的"习惯存量"。当健身效果一目了然时，锻炼过程就会更愉快（至少没那么痛苦）。比如，体重减轻了几磅，腿部肌肉依稀可见，这会让约翰在日常生活中感觉更好，他会觉得自己更强壮。证据表明，万事开头难。

激励有助于人们打开新局面，建立"习惯存量"。如果约翰每次去健身房都能得到奖励，他就有更强的外部动机。即使刚开始很痛苦，这种痛苦也会日益减轻，他甚至会享受锻炼的过程，在激励取消后仍能坚持下去。我们将在后文讨论一个利用激励促进锻炼的实验——花钱让人们去健身房，结果表明，即使激励被取消，积极的影响也会存在。这一证据不仅支持了"习惯存量"的概念，还能证明，对那些离开沙发、坚持每天多运动一点儿的人来说，锻炼会逐渐变成一种享受。我们得到的一般规律是，激励可以促使人们迈开第一步，建立行为的"习惯存量"，最终养成习惯（图17-1）。

图 17-1　习惯养成

为努力付费

论文对我而言有点儿像自己的孩子，它的成长细节总是历历在目。我对"运动激励"的兴趣始于在图森召开的一次会议。我和朋友加里·查内斯在泳池旁的浴缸里欣赏着亚利桑那的美丽群山，聊着有关激励的话题。当时，我刚发表了一篇论文。论文指出，人们行动的内在动机在于这些事本身是好的，并非做这些事有利可图。论文论证了激励如何破坏了这种内在动机。那天，我和加里探讨的主题是，能否通过"贿赂"让我们的孩子改变行为。显然，在某些情况下是可以的，长期来看也没什么问题。

举个例子，如果你想让孩子摆脱纸尿裤，对他们的每次如厕予以奖励可能会加快这个过程。一旦孩子不再需要纸尿裤，你就可以停止贿赂，不必担心他们回到老路。一般来说，这种"一劳永逸"的行为改变更易受激励的影响，难的是那些需要不断重复的行为的改变。比如，让孩子读一本书很容易，难的是培养他们快乐阅读的习惯。

我和加里开始探讨运动习惯，它需要不断重复，行为改变的难度较大。为什么人们的运动积极性时高时低？我们认为，利用激励促使人们开始锻炼，让他们坚持一段时间，可能会形成习惯。当取消奖励后，这种习惯仍会持续下去。为此，我们设计了一个现场实验来检验激励能否培养运动习惯。

我们在实验中进行了不同的处理，我会讨论其中几个颇为有趣的方法。我们为大学生提供去学校健身房的激励。[1] 学生来到实验室，先阅读有关运动重要性的材料，然后我们承诺给他们25美元，条件是下周至少要去一次健身房。出勤情况通过健身房的入场登记来核实。学生在下周返回实验室时被随机分为两组，其中一组是对照组。我们向第二组学生承诺，如果在接下来的4周再去健身房8次，他们就能额外获得100美元的奖励（完成后支付）。如此，可以观察学生在干预前、干预中和干预后的健身房出勤情况。

花钱让学生去健身房锻炼有用吗？答案是肯定的。为了100美元，我们的学生几乎什么都可以做，但这并非我们的目标，我们想了解奖励终止之后的情况。我们的假设是，让人们启动锻炼行为、积累"习惯存量"，这会提高他们继续锻炼的可能性，因为在规律运动后不久，去健身房就不再是一桩苦差事，锻炼会成为一种享受。

我们测试了这样一个想法，即最初几次去健身房的代价较大，也没有多少乐趣，但4周后，成本效益会发生变化，即使没有激励，人们也会坚持锻炼。

不出所料，我们发现激励组的学生去健身房的次数大幅增加，持续到激励终止的第5周。有趣的是接下来发生的事：在激励终止的第5周到第12周，这些学生去健身房的平均次数是以前的两倍。该结果完全来自非健身房常客的行为改变。换言之，那些在实验之前定期去健身房的学生并没有受到我们的激励。

实验表明，金钱奖励可以培养好习惯。正如之前讨论的，在金钱的激励下，有些人能超过坚持锻炼所需的"习惯存量"的阈值。我们的论文创建了锻炼的激励机制，引发了相关话题的探讨。现在让我们来了解一下后续研究，这些研究复制并推进了我们的实验，提出了更多有关习惯养成的观点。

无知的错误

我们的研究为后续研究留下了开放性问题。首先发问的是伯克利大学的丹·阿克兰教授和伦敦经济学院的马修·利维教授。[2] 他们的主要问题是：那些被激励锻炼的人会如何预测他们将来去健身房的频率？他们相信自己会在干预后常去健身房吗？他们的预测是否准确？

阿克兰和利维使用了与我们类似的实验设计，激励受试者进行为期一个月的健身房锻炼。我们已经确定，在激励终止后的几周内，相较于未受激励的学生，受过激励的学生去健身房的次数更多，但锻炼习惯会随着时间的推移而减弱吗？阿克兰和利维搜集了更长的出勤数据，从干预前的37周到干预后的33周，包括3个完整的学期和寒暑假，为监控习惯的形成和衰退描绘了一幅更全面的图景。该研究重复了我们的成果：激励确实能促进短期习惯的养成。然而，好景不长，经过4周的寒假，影响基本上就消失了。这表明，虽然激励干预可以促使习惯养成，但只能在有限的时间内发挥作用。它还表明，要达到长期效果，仅仅依靠助推初始行动是不够的。

为了回答第一个问题，阿克兰和利维让受试者预测干预前后的出勤率分别是多少。他们在激励之前和之后询问受试者，干预结束后多久会去一次健身房。阿克兰和利维发现，受试者存在自制力问题，这些问题是由现时偏差（我们将在第十九章详细探讨这一概念）造成的。更重要的是，受试者对自制力问题缺乏充分的认识，高估了自己未来去健身房的次数。

谁都有过3分钟的热血。我们在前文提到一个研究结果：人们倾向于购买健身房月卡和年卡，但鉴于实际出勤率，明智的选择是购买次卡。人们单纯地相信他们去健身房的次数会比实际情况多，现时偏差可以解释此类现象。

把我绑在桅杆上！

考虑到自控问题，我们如何确保桑德拉、约翰这类人在激励计划下做到持之以恒？有些计划仅靠意志力很难完成。解决方法之一是使用承诺机制，即将自己与任务"捆绑"在一起。最古老的例子来自希腊神话：危险的海妖塞壬擅长用迷人的乐曲和歌声引诱附近的水手。传说中的英雄、伊萨卡国王奥德修斯想出了一个避免灾难的方法：为防止自己被塞壬的歌声蛊惑跳入海中，他把自己绑在桅杆上。[3]

2015年，经济学家希瑟·罗耶、马克·斯特尔和贾斯廷·西德诺在一次现场实验中使用了承诺机制来纠正健身者的自控问题。受试者是一家世界500强企业的1 000名员工。[4]这些员工被随机分成两组：一组是对照组，没有激励措施；另一组是激励组，受试者每周3次光顾公司健身房，会得到10美元奖励。

不出所料，激励对于养成锻炼习惯有积极作用，但只适用于那些在实验前从不去健身房的人。这复制了我和加里的实验结果。当取消激励后，以前光顾健身房的人恢复到过去的水平。

实验的主要干预发生在激励结束后。研究人员要求激励组一半的受试者实施自费的承诺机制：他们可以选择押上自己的钱。有意愿加入的受试者承诺，他们会坚持去公司的健身房，在接下来的两个月里，连续不锻炼的日子不会超过14天。如果受试者没有达到宣布的锻炼目标，押金将捐给慈善机构。受试者根据要求"把自己绑在桅杆上"，承诺达到自己设定的锻炼目标。他们押上自己的钱，除了说服未来的自己去健身房（否则将失去这笔钱），没有任何收益。

该策略利用了损失厌恶心理。此外，受试者还感受到自我信号的力量：违背实现目标的承诺会传递出消极的自我信号，表明自己意志薄弱，有损自我形象。相反，信守承诺传递了积极信号，表明自己意志坚定，从而提升了自我形象，促使自己坚持锻炼。承诺机制是否有效？答案是肯定的。它有助于习惯的养成，增强了习惯的长期效果。在最初的激励结束后的两个月里，接受承诺合同的实验组保持着因激励而增加的运动量的一半。换言之，不需要额外成本，承诺机制显著延长了激励的"有效期"。习惯带来的长期影响甚至在承诺合同结束后依然存在，表明承诺机制可以敦促人们在干预后坚持锻炼。

最好结伴而行

设想两个场景，它们都发生在慵懒的周日下午。在第一个场景中，你本打算去健身房，却留恋沙发的舒适。在第二个场景中，同样是窝在沙发里，你突然收到朋友的短信，她说她正在去健身房的路上，你想起你们约好了今天一起锻炼。哪种情况下你更有可能离开沙发？朋友能促使你多去健身房，增强锻炼动机，培养潜在的运动习惯吗？

2010年，经济学家菲利普·巴布科克和约翰·哈特曼在其现场实验中，通过关注运动激励的社会效应研究了该问题。[5]他们调查大学生去校园健身中心的情况，并给予激励措施。为测试社会效应，巴布科克和哈特曼让学生在实验前填写一份友谊调查问卷，在参与实验的学生名单中标出自己认识的人。实验者得到一个详细的朋友网络，这些人住在同一栋宿舍楼里。随后，学生被随机分为实验组或对照组。在接下来的4周内，实验组学生去健身中心8次能获得80美元奖励。

随机分组后，受试者自然接触随机数量的实验组和对照组同学。为了分析运动激励的社会效应，巴布科克和哈特曼研究了受试者接触人数的随机变化如何影响激励的有效性。根据前面提到的两个场景的推理,他们的直觉是,实验组受试者拥有的受激励的朋友越多,去健身房的次数就越多。

认识更多被激励去锻炼的人,会提高健身房出勤率。研究人员发现,受到锻炼激励的受试者如果有更多的朋友也受到锻炼激励,那么他们去健身房的次数会增加。相反的情况是,实验组学生拥有的未受激励的对照组朋友越多,他们去健身房的次数就越少。人们的锻炼行为似乎在很大程度上受朋友的影响。

如果志同道合的朋友可以提高健身房的出勤率,那么健身伙伴能否激励人们去健身房?2017年,西切斯特大学的经济学家西蒙·康德利夫、艾布鲁·伊斯金和布林内·菲茨杰拉德设计了一项实验,检验团队合作能否增加锻炼次数。[6] 他们招募去校园健身中心锻炼的大学生,方法与前面描述的实验类似。实验最有趣的部分是比较了两个实验组——独自锻炼组和结伴锻炼组。独自锻炼组的学生没有同伴,结伴锻炼组的学生被随机分配一名同伴,二者有经济上的捆绑关系:只有都达到要求的目标,他们才有资格获得奖励。研究人员发现,当学生以团队为单位受到激励时,他们去健身房的次数明显增多。

实验结果表明,社交网络和同伴的存在可以增强习惯养成的激励效果。想培养运动习惯,可以考虑这条建议:与朋友结伴而行,成功的概率更大。上一节我们讨论过承诺机制,社交网络效应也能起到承诺的作用。或许你不想去健身房，但你知道朋友在等你，你不想让他们失望。

不让朋友失望的承诺反映了社会信号的力量。如果在最后一刻取消与朋友的锻炼计划，你会向对方传递出你不可靠的信号，从而损害你的社会形象。反之，坚守承诺、执行计划会提升你的社会形象，激励你更多地锻炼。我的朋友给我讲了一个故事，很好地证明了这一点。他想去健身房锻炼，但坚持不下去。他妻子给他买了一张私教健身卡，3个月内每周两次健身课，他从未错过一节。私教起到了承诺的作用，如果我的朋友不去健身，他必须向好心的教练解释原因。总之，结伴而行比一人独行更有可能取得成功。

按部就班还是保持弹性？

稳定的习惯是在日常生活中养成的。按部就班地不断重复行为，做这件事所需的认知努力就会减少。想想你的晨间作息：多年来，你或多或少建立了一套规律高效的晨间作息，执行起来轻车熟路，最终成为一种自动行为。[7]与前面的实验不同（激励人们定期去健身房），现在，受试者都有一个灵活的激励计划：他们每周去健身房的次数必须达到要求才能获得经济奖励，但并不限定具体什么时候去。与灵活的激励措施相比，严格规定去健身房的时间会让锻炼习惯更持久吗？

最近，哈佛大学和沃顿商学院（约翰·贝希尔斯、李海宁、凯瑟琳·米尔科曼、罗伯特·米斯拉夫斯基和杰茜卡·威兹德姆）的一个经济学家团队研究了该问题。他们在2 508名谷歌员工中进行了现场实验。与许多公司一样，谷歌也想让员工常去公司健身房锻炼。[8] 在实验开始时，参与实验的员工都选择了一个日常锻炼的两小时窗口期。每个工作日，他们会在这个窗口期开始时收到锻炼提醒。为了测试例行激励与灵活激励的有效性，受试者被随机分为3组：无激励的对照组；灵活激励组（受试者在每个工作日去健身房锻炼至少30分钟可获得报酬）；例行组（受试者在每个工作日的两小时窗口期内去健身房锻炼至少30分钟，才可得到报酬）。第二组和第三组的区别在于，受试者是否可以灵活选择每天去锻炼的时间。

对经济学家来说，有弹性空间似乎更好。毕竟，它提供了更多选择。然而，正如刚才讨论的，心理学家可能会认为固定时间有助于习惯养成。到底哪一组更有效？事实证明，相较于必须在固定时间去健身房的受试者，能灵活选择锻炼时间的受试者锻炼得更多。这一结果在激励终止后仍然有效。与过去的心理学理论以及我们的直觉相反，这一发现表明，人们在固定时间按固定频率锻炼，当日常活动受到限制时，锻炼的次数往往会减少，不利于长期习惯的养成。

此时，你可能想放弃锻炼计划，在空闲时去健身房。但在这么做之前，你务必了解该研究结果与环境密切相关。谷歌的工作环境是快节奏的，工作安排有很大的不确定性，随时会发生变化。因此，即使每次去健身房能得到7美元，员工也很难不被突如其来的工作打乱，坚持在规定的两小时内去锻炼。例行激励更适合有稳定的时间表和工作环境的人。对他们来说，例行激励更利于习惯的养成。

> **要　点**
>
> 激励可以让你迈开去健身房的第一步，继而养成长期锻炼的习惯。为增强激励、保持习惯，在可能的情况下添加其他心理策略，如承诺机制和社交网络。

第十八章
戒除恶习：甩掉不良行为

　　激励不仅有助于培养好习惯，还有助于戒掉坏习惯。在激励的帮助下，约翰的锻炼次数更多了，但他喝啤酒的习惯没变，他的医生对此颇为不满。如果过去喝啤酒的行为可以通过日积月累变成习惯，那么减少行为次数能"戒掉"习惯吗？

　　确实可以。好习惯和坏习惯都是通过持续行动养成的。多做某事可以培养习惯，少做某事可以减少"习惯存量"，从而"戒掉"习惯。以锻炼为例，与一年前相比，今天去健身房锻炼的愉悦更可能受上个月的影响。因此，预测你下周是否去健身房的最佳指标是你本周是否去过，而不是一年前是否去过。同样，预测你今天是否吸烟的最佳指标是你昨天是否吸过。如果"习惯存量"随着时间的推移而减少，那么激励人们不做某事会降低他们在激励终止后重拾旧习惯的可能性。

激励如何帮助约翰戒掉喝啤酒的习惯？如果约翰因每天喝水获得奖励，他就可能不再喝啤酒，至少会改掉一下班回家就喝上一罐的习惯。换言之，打破习惯的方法是激励人们暂停这项活动，如此一来，"习惯存量"就开始减少。目标是耗尽存量，在激励终止时将存量降到无法继续该行为的程度。稍后我将讨论一种可行的方法，利用这种方法，约翰可以激励自己戒掉啤酒。

本章重点关注一种非常普遍的坏习惯：吸烟。美国每年约有 1/5 的死亡是由吸烟引起的。[1] 吸烟除了导致每年 50 万人死亡，还耗费了数十亿美元的医疗费，造成无法估量的身体伤害。大多数吸烟者都能意识到这些负面影响。多达 70% 的吸烟者想戒烟，但每年只有约 3% 的人戒烟成功。[2] 为什么戒烟这么难？与锻炼不同，吸烟的愉悦是即时的，痛苦的后果发生在将来。我们来看看戒烟激励计划如何发挥作用。

为戒烟付费

2009 年，凯文·沃尔普和同事在一家跨国公司进行了一项现场实验，他们付钱让员工戒烟。[3] 吸烟会增加医疗成本，降低工人的生产力，希望员工多锻炼的公司也有直接经济动机让员工戒烟。

实验的第一步是将878名员工随机分配到对照组和实验组。对照组员工只知道戒烟计划的相关信息，实验组员工在此基础上还能获得经济激励。

为了获得戒烟激励，实验组员工必须通过生化检测。他们被告知，完成戒烟计划可以获得100美元，实验结束后6个月不吸烟可以获得250美元，此后的6个月继续戒烟可以获得400美元。如此设定奖励时间，是因为大多数复吸发生在戒烟的一个月内，约90%的复吸发生在前6个月。[4]

这笔钱足以让员工戒烟。受激励的员工加入戒烟计划、完成计划、计划结束后6个月内戒烟的比例明显更高。现在，你可能知道，我们关心的是长期效果。有关戒烟的文献表明，吸烟者戒烟超过一年，在20个月内保持戒烟的可能性为95%。[5] 激励能有效地帮助吸烟者克服长达一年的障碍。与未受激励的对照组员工相比，受激励的员工在参与实验的9~12个月的戒烟率明显更高。激励终止后，即参与实验的15~18个月，他们的戒烟率也明显更高。

实验结果令人鼓舞，但受激励员工的长期戒烟率仅为9%。考虑到未受激励的员工戒烟率为3.6%，激励效果仍然非常显著。实验表明，经济激励不仅可以促使人们加入戒烟计划，在短期内成功戒烟，还可以在激励终止后帮助人们长期改掉这个坏习惯，避免重蹈覆辙。

拯救婴儿

我一直强调长期效果的重要性,但有时短期成功也可喜可贺。例如,孕期戒烟意义重大,即使产后复吸也不能抹杀其功效。在美国,孕期吸烟是导致妊娠疾病的主要可预防因素,它的危害很多,包括损害胎儿肺部和大脑组织,增加流产和早产概率,导致新生儿体重过低,等等。[6]

尽管许多干预措施都尝试过信息策略,例如让吸烟孕妇听取医生的建议,通过自助材料了解吸烟的危害,但戒烟效果并不好。[7]这不足为怪,因为她们可能清楚吸烟对胎儿的危害,但这些危害发生在将来,眼下并未显露。阿曼达是一位吸烟孕妇,她谈起了自己的经历。当被问及吸烟习惯时,她坦言:"我知道吸烟有损宝宝的健康,但我认识很多孕期吸烟的人,她们生的孩子都很健康。"她认为"坏事不会发生在自己身上",她"戒不了"。[8]经济激励能否帮助吸烟孕妇安全度过孕期?如果可以,我们应该提供怎样的激励?

2012年,由斯蒂芬·希金斯领导的健康研究团队对该问题进行了研究,激励形式是发放可兑换商品的代金券。[9]他们将58名孕妇随机分为两组,两组都有代金券。对照组受试者无论是否戒烟,都能得到作为礼物的代金券。实验组的代金券是"或有"的,即只有在生化检验证实戒烟之后才能得到。

戒烟监测频率最初是每天一次,逐渐减少到两周一次,直至孕期结束。根据生化检验结果,实验组代金券的价值由最初的 6.25 美元不断上涨，每次通过检验增加 1.25 美元，直至最高值 45 美元。如果吸烟孕妇没有通过生化检验，或有代金券的价值将降至上次的水平。如果连续两次未通过检验，将降至重置前的水平。这种激励结构可以逐步激发长期戒烟的金钱动力，失败会受到惩罚，但仍鼓励再次戒烟。因此，吸烟孕妇会努力延长戒烟时间，就算复吸也会重回正轨。相反，对照组孕妇在分娩前每次就诊都能获得 11.50 美元的代金券，分娩后每次就诊都能获得 20 美元代金券。

哪种形式的代金券更有效？你可能有了预判。或有代金券将孕期 7 天戒烟率提高到 37%，明显高于对照组的 9%。它的长期效果如何？产后 12 周，实验组的戒烟率提高了 33%，而对照组的戒烟率为 0。在 24 周的产后评估中，也就是代金券奖励终止后的 12 周，实验组受试者的 7 天戒烟率仍能达到 27%，对照组则是 0。

用钱检验戒烟决心

我们在吸烟孕妇无激励对照组的例子中看到，仅仅依靠自制力没法戒烟。事实上，研究中的所有受试者都没能长期戒烟。吸烟者如何解决自制力不足的问题？还记得健身者为坚持锻炼采用的承诺机制吗？同样的策略（赌上自己的钱）也有助于戒烟。

2010年，经济学家泽维尔·吉内、迪安·卡兰和乔纳森·津曼进行了一项实验，测试自愿承诺是否有助于戒烟。[10] 他们将菲律宾一家银行的2 000名吸烟员工随机分为两组：对照组吸烟者收到了钱包大小的提示卡，上面是香烟包装上的可怕图片（比如，因吸烟受损的肺）。实验组吸烟者则签署一份帮助他们戒烟的承诺合同。自愿承诺合同规定，吸烟者可以自设押金金额。在6个月的干预期内，银行的一名员工每周向他们收取押金。如果在6个月后通过尿检，他们就能拿回所有押金；否则，这笔钱将捐给慈善机构。押金合同对吸烟者施加了持续的金钱压力，使他们在6个月内保持戒烟状态。

类似于督促锻炼的承诺机制，戒烟押金合同也具有自我信号功能。违反合同不仅让吸烟者赔钱，还会向他们传递意志薄弱的自我信号。因此，吸烟者有戒烟动机，以避免负面的自我信号，维持良好的自我形象。

该设计中承诺因素的另一个层面是社会信号。想想这份合同的签署人：每周六下午，他必须接待前来收取押金的银行员工。如果本周没交押金，那就说明你可能戒烟失败了；向银行同事传递出意志薄弱的信号，不但有损自己的社会形象，还会让你觉得尴尬。合同附带的社会压力可以促使他提高押金，更认真地履行戒烟承诺。

然而，承诺机制的常见问题是采纳率低。[11] 很少有人愿意用自己的钱来考验自制力，即使知道这么做有助于戒烟。只有11%的吸烟者签了合同，但他们都信守了承诺：当6个月结束时，他们的平均押金为 550 比索（约 11 美元），约占月收入的 20%，这不是个小数目。

尽管采纳率有限，但实验证明承诺机制是戒烟的有效策略。在 6 个月合同期结束时，与对照组相比，签订合同的吸烟者戒烟概率高 3.3%～5.8%。12 个月后，即干预结束后 6 个月，吸烟者接受了突击检测，采用承诺机制的实验组结果同样显著。尽管效果很好，但 66% 的吸烟者最终戒烟失败。这告诉我们，尽管有些吸烟者承认需要承诺机制提高自制力，但他们过于自信，高估了自己未来抵御诱惑的能力。

一起戒烟？

众所周知，同侪压力的影响很大。如果你的朋友吸烟，你很容易跟他们一起吸。另一方面，同侪压力也可以作为戒烟工具。身边有一群正在戒烟的朋友，你也能坚持戒烟。2015 年，宾夕法尼亚大学斯科特·哈尔彭领导的团队对戒烟的群体效应进行了研究，得出上述结论。[12] 他们邀请美国药品零售商 CVS Caremark 的员工及其亲朋好友参与现场实验，将受试者随机分成一个对照组和 4 个实验组。对照组受试者接受"常规疗法"，包括学习美国癌症协会戒烟指南，享受当地戒烟资源，部分员工还可以免费获得尼古丁替代疗法，参与行为改变计划。至于 4 个实验组，其中两组实行针对个人的激励计划，另外两组实行以 6 名受试者为一组的团队激励计划。

除了测试社会效应，研究人员感兴趣的是押金合同是否比奖励计划更有效。我们在银行员工的承诺合同中看到，吸烟者非常有动力避免损失。但是，比起从奖励计划中获益，吸烟者会更有动力避免失去押金吗？为了回答这个问题，个人激励组和团队激励组各有一组实行奖励计划，成功戒烟可获得 800 美元奖励，剩下的两组实行押金计划，成功戒烟可退还 150 美元押金，并获得 650 美元奖励。4 个实验组分别是团队奖励组、团队押金组、个人奖励组和个人押金组。类似于前面提到的激励设计，所有组别的奖金（包括押金组）分 3 次发放，每次 200 美元，发放日期分别为受试者目标戒烟日后的 14 天、30 天和 6 个月。

团队奖励组的成员因集体成功而获得奖励：在任意 3 个奖励时间点，如果只有一名受试者戒烟成功，团队只能获得 100 美元；但如果所有 6 名受试者都戒烟成功，每人将获得 600 美元。奖金随着团队成功率的提升而增加，这种激励设计利用社会信号和人际责任来激励吸烟者戒烟。想象一下，你是团队中唯一戒烟失败的人，这会向团队成员传递出你意志薄弱的社会信号，损害你在团队中的社会形象。你还可能感到尴尬和内疚，因为你的失败导致别人没能得到更多奖金。成功戒烟会提升你在团队中的社会形象。这些效果可以激励大家齐心协力，比如成员之间相互监督和鼓励。

与团队奖励组相反,团队押金组成员之间是竞争关系:总奖金为3 600美元,6名小组成员每人150美元的押金和450美元的奖金被重新分配,奖励对象是在3个检查时点成功戒烟的成员,每个时点的奖金是1 200美元。假设6个成员中有4个在14天内成功戒烟,他们将在该时间点分享1 200美元奖励,每人获得300美元。为保护积极性,小组成员都是匿名的。这种激励设计利用了群体环境中的损失厌恶心理:因戒烟失败,眼睁睁看着自己的钱和奖金被别人拿走,会非常失落。

为了让所有实验组的总期望值和奖金相等,如果在6个月内成功戒烟,团队奖励组和团队押金组的受试者还会获得200美元奖金。

我们前面提到承诺激励的采纳率问题,该实验同样出现这个问题:被分到奖励组的受试者有90%同意实验,被分到押金组的受试者仅有13.7%决定加入。执行激励计划的4个实验组在6个月干预期内持续戒烟的比率都明显高于对照组。实验者的预期是,团队激励优于个人激励。但事实上,二者的6个月戒烟率非常接近,分别为13.7%和12.1%。团队激励与个人激励相差无几,表明社会效应并没有想象的那么强。奖励计划与押金计划的效果如何?奖励计划的戒烟率明显高于押金计划,高出5个百分点。然而,事实证明,这一优势主要源于两种计划的采纳率差异。当考虑到这种差异时,结果发生了逆转:押金计划的受试者戒烟率比奖励计划的受试者高 13.2%。这表明，对那些意识到自制力不足而加入计划的人来说，押金激励这类承诺机制的效果很好。

贫穷的吸烟者

在 20 世纪 40 年代，受教育年限较长的人吸烟率较高。随后的几十年，越来越多的人意识到吸烟的健康风险，烟草业开始将营销策略转向低收入群体。烟草公司向廉租房居民发放免费香烟，并随食品券等低档商品购物券和预付借记卡发放烟草优惠券。这些营销策略起到了一定的作用，如今 72% 的吸烟者来自低收入社区。[13] 尽管吸烟习惯让穷人深受其害，但除了临床或工作场所，帮助低收入吸烟者戒烟的激励很少。

2016 年，日内瓦大学的让－弗朗索瓦·埃特和费利西娅·施密德在瑞士招募了 805 名低收入吸烟者来研究这个问题。[14] 受试者被随机分成两组。对照组受试者阅读教育手册，浏览戒烟网站。实验组受试者除了接收同样的信息，还有 6 次经济奖励机会，分别在实验的第 1、第 2、第 3 周和干预的第 1、第 3、第 6 个月生化检验通过之后。激励计划还利用奖金递增来促进持续戒烟。第 1 周 110 美元，6 个月后增至 440 美元，奖金总额最高 1 650 美元。所有受试者的应税收入都不足 5.5 万美元，对他们来说这是一笔不菲的奖金。如果受试者没有通过生化评估，下一次的奖金会降至他们上次的额度。同样，该设计惩罚了失败，但仍给受试者留有获得奖金的机会。为避免低收入受试者用奖金购买香烟，奖金是以某大型连锁超市礼品卡的形式发放的，该超市不出售烟酒。

为增强激励效果，他们要求受试者在加入时签署一份合同，承诺在自己设定的目标戒烟日之前戒烟。随后，合同由一名研究助理和一名自选的社会支持者会签，该支持者可以是吸烟者的亲朋好友，他要在此过程中支持吸烟者戒烟。

如前所述，在承诺合同中，自我信号和社会信号能够发挥作用：通过签署合同，吸烟者向自己发出正式的承诺信号，保持自我认同是强大的动机；通过让社会支持者签署合同，吸烟者向其亲朋好友发出关于承诺的社会信号。社会见证人的存在会产生极大的影响力，因为违背对支持者的承诺，让那个对你充满信心的支持者失望，可能比违背自我承诺更令人沮丧。

实验结果表明，经济激励确实能促使低收入吸烟者戒烟，并且有长期效果。受激励的吸烟者 7 天戒烟率明显高于未受激励的吸烟者：第 3 个月（54.9% vs 11.9%）、第 6 个月（44.6% vs 11.1%）和第 18 个月（18.2% vs 11.4%）。此外，受到激励的受试者持续戒烟（第 6 至第 18 个月）的主要指标也明显高于对照组。在不断升级的经济激励下，9.5% 的受激励吸烟者能够在激励终止后的 12 个月内保持戒烟状态。

从戒烟计划及其激励结构中得出的见解不仅适用于戒

烟，还可用于改掉其他坏习惯，比如吃太多快餐，看电视时间过长。

> **要　点**
>
> 从长远看，激励有助于逐步戒除恶习，实现长期改变。为增强激励效果，可以添加其他心理强化措施，如押金承诺机制和社会支持者。

第十九章

我现在就要！

CHAPTER 19

为帮助约翰戒掉啤酒、多锻炼身体，我们还能做些什么？要知道，约翰的健康收益需要很长时间才能获得。行为改变中最根本的问题是：成本通常发生在当下，而收益却在遥远的未来。例如，锻炼的好处是无形的，而且很久以后才能显现，但坐在那儿喝啤酒的满足感是即时的。提前激励可能有助于克服这一障碍。

现在是周六下午 2 点。你在网飞上又看了一集你最喜欢的节目，在即将点击"继续观看"时，你忽然想起今天应该去健身房——你的自我承诺是每周至少锻炼两次。此时你会怎么做？诱惑充斥着我们的日常生活，比如看电视、玩电子游戏、吃垃圾食品。在面对"想做"和"应做"的艰难选择时，我们通常选择前者。

有什么方法能养成好习惯，减少坏习惯带来的内疚感和时间浪费？沃顿商学院的凯蒂·米尔科曼、哈佛大学的朱莉娅·明森和宾夕法尼亚大学的凯文·沃尔普提出了一个妙招——他们称之为"诱惑捆绑"。[1] 将能带来即时满足的"想做"之事（继续看最喜欢的节目）与收益延迟且需要意志力的"应做"之事捆绑在一起（去健身房）。

多年来，我只允许自己在椭圆机上锻炼时才能看最喜欢的电视节目。这种组合解决了两个问题：第一，它缓解了"应做"之事的痛苦，增强了锻炼的欲望；第二，"想做"之事与有益行为搭配在一起，减少了放纵的内疚感。

为检验"诱惑捆绑"的想法，米尔科曼、明森和沃尔普在某大学健身中心进行了一项现场实验。他们将引人入胜的有声小说（"想做"之事）与锻炼（"应做"之事）相匹配。受试者被随机分成3组：

- 对照组：在研究开始时，受试者获得一张价值25美元的巴诺书店礼品卡。
- 极致组：为受试者提供iPod（苹果便携式数字多媒体播放器），里面有受试者自选的4部有声小说，但只能在健身房里听。
- 中间组：与上组相似，但有声小说下载到受试者自己的iPod里，随时都可以听。

实验结果与"诱惑捆绑"预测的一致：相较于对照组，中间组受试者去健身房锻炼的次数增加了29%。这表明，仅仅鼓励人们在健身房听有声书就能显著提高出勤率。

更有效的是，与对照组相比，极致组受试者的健身房出勤率提高了 51%。这一增长凸显了承诺机制的有效性,该机制将"想做"之事完全限制在"应做"之事中。虽然效果会随着时间的推移而减弱,但在实验结束时,对这样一个承诺机制的需求仍然很大:为了让自己只能在健身房听有声小说,高达 61% 的受试者选择付费参与。这种需求表明,人们意识到自己意志力有限,愿意为有效的"诱惑捆绑"买单,强迫自己去做"应做"之事。

了解了诱惑捆绑的威力,你可以利用它来促进各种有益的行为,不仅仅是锻炼。例如,意识到自己缺乏健康饮食的意志力,你可以规定自己只有在吃健康食物时才能看喜欢的节目;如果你做家务总是拖延,那就规定只在洗碗或洗衣服时听喜欢的有声书。如果你意识到自己缺乏意志力做有益的事,那就为它匹配一件可以互补的想做之事,创建自己的"诱惑捆绑"。

诱惑捆绑旨在克服现时偏差。考虑以下两种情况:

场景 1:今天得到 100 美元,还是明天得到 110 美元?许多人可能会选择前者,这样今天就能消费,不必等到明天。"现在"的诱惑很强。

场景 2:一年后得到 100 美元,还是一年零一天得到 110 美元?如果要等上整整一年,那就不妨多等一天,多得 10 美元。既然两个选项都发生在遥远的未来,你不介意多等一天,对吧?

请注意,在这两种情况下,你都可以选择多等一天,多得10美元，但在第一种情况下你更缺乏耐心。人们倾向于接受现在较小的回报，而不是等待未来更大的回报，这种倾向被称为现时偏差。原因很简单："现在"的诱惑非常强，很难抗拒。

但这类行为会导致有趣的逆转。还记得在场景2中，你选择等待一年零一天得到110美元吗？好，刚好一年过去了，我要为你改变一下规则。最初你选择再等一天，得到110美元，但现在我允许你改变想法，建议你立即接受100美元。这个新选项与场景1相同，我们知道你的偏好：你不想再等一天，所以改变主意，立即接受100美元。这种逆转被称为**动态不一致**，即人们之前已做出选择，但在行动时却改变了主意。

现时偏差和动态不一致是行为难以改变的主要原因。无法实现目标并不是缺乏动力或计划安排不当。如前所述，成本和收益在时间上是不同步的：成本发生在当下，收益却在未来。这种威力很难被察觉。我们对未来做出承诺，自信能坚持到底。我们承诺明天开始节食、锻炼或戒烟，但当"明天"真的来临时，我们依然被旧习惯诱惑。

举一个有趣的例子：心理学家丹尼尔·里德和芭芭拉·范莱文对受试者的零食选择进行了研究。受试者可以选择健康但不好吃的零食，也可以选择不健康但美味的零食。实验的有趣之处在于，比较人们当下的选择和下周的选择。当被问及下周想吃什么时，49.5%的受试者选择健康零食。然而，当被问及现在想吃什么时，83%的人选择不健康的零食。[2]

现时偏差不仅影响人们的食物偏好，还可能造成严重的经济后果。例如，经济学家斯蒂芬·迈耶和查尔斯·施普伦格研究了信用卡债务问题。信贷公司收取的利率很高，信用卡债务是一种非常糟糕的债务累积方式。研究者先用实验技术测量了人们的现时偏差，发现36%的受试者存在这种偏差。然后，他们将实验结果与真实数据进行比较，发现现时偏差者产生信用卡债务的可能性高出16%。[3]

现时偏差和动态不一致对激励设计的影响很大。如果人们想立即拥有，那就立即给予。及时激励，不要间隔太久。只要人们朝着期望的方向改变行为，那就立即给予奖励。

对抗现时偏差和时间贴现，还有一种有效且可持续的方法，那就是通过消除障碍来降低当前的行动成本。我们将在第二十章讨论这个解决方案。

要　点

现时偏差和动态不一致加大了行为改变的难度。为提高有效性，尽可能立即奖励。

第二十章

消除障碍

CHAPTER 20

"孩子应该多看电视,少运动!"你听到哪个父母、医生或政治家说过类似的话?人们认为,体育运动与健康密切相关,许多研究都提到运动的好处,比如控制体重、降低心血管疾病和其他疾病的风险、增进心理和情绪健康等。[1]

某天,女儿放学回来告诉我,学校削减预算,她的体育老师被解雇了,现在一节体育课都没有了。我相信运动的好处,因此很失望。学校的决定明智吗?换言之,想象一下,学校管理层只关心学习成绩(遗憾的是,这通常是事实),现在需要做出艰难的取舍。假设学生目前每周有10小时数学课和2小时体育课,考虑到预算限制,学校管理层要取消2小时的上课时间。他们面临的选择是,减少2小时数学课,还是取消体育课。

每周2小时的体育课会比2小时的数学课更有意义吗?能让孩子们在学校获得更大的成功吗?我们应该增加孩子们

下午的活动时间，而不是让他们继续埋头苦学吗？仅仅依靠现有数据很难回答上述问题。

政客们要决定削减哪项学校预算，这引发了一场激烈的争论，即定期参加体育运动对学习成绩是否重要。为了探究问题的答案，我和同事亚历山大·卡佩伦、加里·查内斯、马蒂亚斯·埃克斯特伦、伯蒂尔·通戈登想了解，运动的积极影响能否产生溢出效应。也就是说，运动能否在改善健康的同时提高学习成绩？

传统观点认为答案是肯定的。俗话说"身体好，精神足"。美国医学研究所发布了一份报告，有证据表明："与不爱运动的孩子相比，热爱运动的孩子注意力更集中，完成简单任务的速度更快，工作记忆和解决问题的能力更强，标准化考试成绩也更好。"[2] 这是每个家长的梦想：把孩子送进"少年棒球联盟"，他们就能在数学考试中获得高分。

然而，"相关性不等于因果关系"。过去的研究结果将二者混为一谈。运动较多的孩子学习成绩更好，是因为他们的自制力或意志力更强。也就是说，他们成绩更好并非因为经常锻炼；相反，因为具备某些性格特点，所以他们锻炼得更多，学习成绩也更好。美国医学研究所发现的只是简单的相关性，不是因果关系。我们不能从中得出"运动能提高学习成绩"的结论。

免费健身

实验是确定合理的因果关系、提供后续政策建议的必要条件。为了实现该目标,我和同事激励学生多锻炼,然后观察他们的学习成绩是否有所提高。[3]我们将受试者随机分成两组:去健身房组和不去健身房组,直接考察锻炼对学业的影响。

为了检验"锻炼提高学习成绩"的假设,我们激励大学生去健身房,测量增加运动量对成绩的影响。我们尽可能让干预具有可扩展性。也就是说,如果有人想实施我们提出的政策改变建议,那它必须在真实世界现实可行。教育激励要考虑的一个主要因素是,它会遭到教育工作者的强烈抵触,他们认为,学习应该基于内在动机,而非外部激励。不久前,我向洛杉矶一所高中的老师介绍我的激励措施。仅仅提到"激励"的概念就足以让他们退避三舍——他们不赞同我的想法。他们的观点基于前面讨论的挤出效应,即如果你将更多精力放在提高学生的成绩上,短期内可能会有所改善,但从长远看,无法激发学生的学习兴趣。鉴于这一点,我们知道,为受试者每次的健身付费在政治上不可行,于是选择了基于"消除障碍"的间接方法。我们从挪威卑尔根的两所大学中招募学生。大学健身房每学期的会费约为140美元。我们没有为受试者支付健身费,而是为他们提供免费会员资格(招募的学生此前都不是会员)——他们免费获得了一张健身房门禁卡。如此一来，锻炼的主要障碍——购买会员资格——就被消除了。

受试者填写了一份调查问卷，有助于我们了解其生活方式和习惯，包括学习时间、生活满意度和自制力。然后，我们将778名受试者中的400名随机分配到实验组，这400名受试者收到免费的健身房门禁卡。经受试者同意，我们可以获取健身房的监控数据，计算他们在学期内去健身房的总次数。此外，我们还可以查看他们的管理数据，包括成绩和结业课程数量。

结果与预测一致，为受试者提供免费健身消除了锻炼障碍，增加了学生使用健身设施的机会。对照组几乎没人去健身房，而实验组的大多数学生（受到免费健身激励的学生）至少去过一次。

当然，该研究的目的并非证明免费健身能促使学生多锻炼。我们想明确的是，锻炼对学业成功的影响。根据传统观点，我们预测，激励学生锻炼身体会对学习成绩产生积极的因果效应。我们可以获取所有受试者完整的学习成绩数据，因而能够回答这一问题。学生的大量信息包括考试记录、每次考试的成绩及学分。

我们的发现与预测一致。激励学生锻炼身体可以显著提高学习成绩，平均提高0.15个标准差。对于那些在实验前有不良生活习惯、容易疲劳、自制力差的学生，其效果翻了一番。我们还进行了一项后续调查，问题与最初的调查类似。调查发现，免费会员的激励改善了学生的生活方式。

我们的研究结果表明，激励学生锻炼身体可以带来生活习惯的积极变化（如改善饮食、延长睡眠时间等），最终提高学习成绩。这些结果对目前的辩论至关重要，因为它们证明了锻炼和学业成功之间的因果关系，也证明了锻炼是生活习惯的调节器。政策制定者应谨慎选择削减哪项预算。体育课往往是最先被取消的课程（再见，亨特先生，离开时记得带上你的篮球！）。在美国，人们越来越担心体育不再被视为学校教育的关键组成部分：有些学校一半的学生报告说，他们的体育课平均来说一周不足一节。[4] 政策制定者一直在走安全路线，认为多学一小时数学胜过一小时的锻炼。相较于多上一节数学课，花在体育课上的时间可能会产生更好的效果。

消除障碍的重要性

回到约翰的例子，他正努力改掉喝啤酒和缺乏锻炼的坏习惯：阻碍他去健身房的因素还有什么？约翰能想到很多保持现状的理由，比如健身房离家太远、费用太高等等。我们该怎样帮助他？通过消除障碍，激励可以助他一臂之力。

前面的例子显示，获得免费会员资格足以激励一部分人去健身。障碍也可能以转换成本的形式出现。也许约翰的问题不在于会费，而在于健身房的位置。健身房离家很远，而他不想耗时费力寻找更近的健身房。他的惰性带来一种程序上的转换成本：为找到离家较近的健身房，需要调研、考察、比价、了解付款方式和时间等等。这些转换成本是一种障碍，因此，约翰一直保留离家很远的健身房会员资格，却从不去锻炼。可行的激励措施是，对离家较近的健身房会费提供足够的补贴，让约翰愿意花时间和精力去考察和转换。

通过补贴会费消除障碍，可以提高健身房的出勤率。最近的一项实证研究证明了其有效性。经济学家塔蒂亚娜·霍姆诺夫、巴顿·威拉格和亚历山大·威伦在一所大学开展了一项大规模的健康计划，每年提供 10 万名学生的观察结果和 150 万次健身房出勤数据。[5] 计划规定，学生在 6 个月内去健身房超过 50 次，可以报销会费。虽然该研究与我们的研究都消除了锻炼障碍，但我们是提前为学生提供免费会员资格，他们则根据学生的出勤情况报销会费。两项研究的另一个重要区别是，我们是对随机实验组进行实验，他们的受试者没有进行随机分配，而是通过自然实验观察报销前、报销期间和报销后的长期效果。他们搜集了受试者健身房出勤的日常管理数据，时长为 5 年，分别是激励实施前 1 年、干预期 3 年和激励终止后 1 年。

不出所料，霍姆诺夫及其同事发现，激励实施后，该计划对受试者达成 50 次的出勤门槛产生了重大影响，这是他们获得报销资格的次数。此外，报销计划使学生每学期去健身房的次数平均增加了 5 次左右，比平均值高出 20%。最重要的是，结果显示，取消激励后50%的效果仍然存在。这表明，对约翰这样的人来说，降低转换成本，获得离家较近的健身房的会费补贴可能会激励他开始健身，甚至养成长期锻炼的习惯。

消除障碍不仅可以促进锻炼，还可以成功地改变行为，节约能源。Opower是美国公用事业客户互动平台，定期通过邮件向数百万美国家庭发送"家庭能源报告"。该报告包含降低能耗的个人建议。这项干预不像前面的例子那样使用经济激励，而是利用社会比较：报告显示了客户的能源消耗在邻居中的排名，具有社会信号的力量。如果某个家庭的月度能源消耗远高于邻居，那就表明这个家庭可能存在浪费资源或破坏环境的情况，从而损害其形象。相反，如果排名相对较低，那就被认为具有环保意识。根据经济学家亨特·奥尔克罗夫特和托德·罗杰斯的说法，收到报告的家庭显著降低了能源消耗，这种影响在干预后（不再收到报告）持续存在。[6]虽然社会比较的正效应会随着时间的推移而减弱，但它仍起到重要作用。

能源消耗报告是如何消除节能障碍的？在分析了2017年的Opower数据后，由亚力克·布兰登领导的经济学家团队得出结论：客户的行为改变主要不是改变用电习惯，而是对家庭设施的投资。[7]可能的场景是：杰克收到了家庭月度能源报告，注意到他家的能源消耗远高于邻居。他忧心忡忡地检查了房子，看看能做出哪些改动来节省能源、降低费用。随后，杰克将家里的灯泡换成节能灯泡。社会比较激励杰克这类客户克服技术转换成本，购买更节能的电器。

利用激励降低转换成本并不限于健康和节能领域，商店的许多促销活动也都出于这个策略。思考一下我们的购物习惯。在塔吉特购物时，大多数人会重复选择同一品牌的卫生纸。刚开始时，我们可能会比较几个品牌及其价格，尝试不同的品牌。然而，一旦对某品牌满意，我们就会无意识地重复购买。改变这种消费者惰性的成本很高。它可能是自然成本，比如花更多时间和精力研究竞争产品，也可能是人为成本，比如错过公司为留住客户提供的重复购买折扣。

如果适高（某卫生纸品牌）想改变这种习惯，说服 Charmin（另一卫生纸品牌）的忠实用户试用适高的卫生纸，它可能会推出诱人的促销活动（比如"买一送一"），以降低转换成本、消除障碍。Charmin 的用户看到促销活动，可能会转到适高的货架。如果他们购买了该品牌，用过后觉得满意，即使促销结束也会继续购买。

但是，将苹果手机换成三星手机，其转换成本是将 Charmin 换成适高所没有的。某些品牌具有身份特征和强大的品牌忠诚度，我们在转换时可能会体验到"关系"转换成本。割裂了品牌与身份的关联，转换成本会带来心理或情感上的不适。[8] 举个例子，为补贴关系成本，跨国移动电话运营商 T-Mobile 进行了一次促销活动，如果客户放弃竞争对手的产品，改用其品牌，可获得高达 650 美元的转换费。[9] 据推测，因促销改用 T-Mobile 的客户会保持一定的忠诚度。

某些公司的产品具有高额转换成本，为促进市场竞争，立法者通常会制定政策，削弱它们的市场影响力。例如，在手机问市早期，客户不能像现在这样轻易更换运营商——要更换必须更改手机号码。美国联邦通信委员会（FCC）意识到这一巨大的转换成本，要求所有无线运营商必须在 2004 年前实现号码的可转网。几年后，朴敏贞调查了这项新政策对无线定价的影响。在调查了约 10 万个套餐后，朴发现在 FCC 规定出台后的 7 个月，无线套餐资费下降了 6.8%。[10] 套餐资费的大幅下降表明，手机号码不可转网是转换的一大障碍。FCC 的规定消除了这一障碍，公司不得不通过降价来留住客户。

请注意，激励可以用来降低转换成本，也可以用来制造转换成本。许多公司利用这一洞见，以诱人的前期交易吸引客户，然后通过独特的便利性和高昂的转换成本将客户"套牢"。TurboTax 是一个编制所得税申报表的软件包，假设其产品提供 15 美元的折扣，你决定今年试用一下。它要求你输入大量个人和财务信息，比如地址、工作单位名称等。在耗费了大量的时间和精力提供所有信息后，你惊喜地发现 TurboTax 可以在明年保存这些信息。现在，即使发现一款便宜得多的产品，为避免烦人的转换成本，你也很可能继续使用 TurboTax。同样，亚马逊的 I-Click 专利也利用了转换成本：客户只需输入一次快递和付款信息，就可以在以后的购物中继续使用，不必重新输入信用卡和家庭地址。虽然这项专利为亚马逊带来多少盈利尚不可知，但估计每年有数十亿美元。

> **要　点**
>
> 激励有助于消除行为改变的障碍。利用激励降低转换成本，可以使行为更容易被接受。

帮助改善社群文化

第六部分

激励具有强大的力量，可以有效塑造对我们有利的故事，识别并解决复杂问题，促使个人行为发生长期改变。对此，我们已经有所了解。它如何影响社群的行为变化？社群中的文化习俗和传统根深蒂固，长达数百年之久，激励是否强大到足以移风易俗？

前面我们提到一些难题，比如激励孕妇持续戒烟，或者激励员工不要开车上班。现在我们遇到的挑战与这些不同。推动文化变革需要解决个人和社群文化传统两个层面的问题。经过几个世纪的演变，文化通常具有适应性，而且根深蒂固，有着相互关联的因果力量和广泛的社会影响。然而，所有传统都是由个体行为组成的，个体行为最终取决于激励。我们可以通过精心设计和实施的激励措施破除陈规陋习，推行长期有利的做法。

在这一部分，我们前往东非的肯尼亚和坦桑尼亚，那儿是马赛人的聚居地。我们想利用激励改变某些贻害无穷的文化陋习。激励的成功将在当地形成一个共生、持久的生态系统，让成千上万的女孩摆脱痛苦——在某些情况下，甚至能将她们从死神的手中拯救出来。

警告：以下章节包含敏感内容，可能不适合所有读者阅读。

第二十一章

从猎狮人到狮子拯救者：改写故事

你可以想象，用长矛猎狮极其危险。16岁的马赛男孩萨姆森就要这么做了，这是他的成年仪式。他必须以这种方式向部落证明自己的勇敢和狩猎技能，这也是他成为勇士的必经之路。从小到大，他一直在为此刻做准备。睡前，马赛人会给他讲故事，故事里的勇士用长矛猎杀凶猛的狮子，拯救他们的村庄。

你可能会觉得这有点儿夸张，但事实就是如此。猎狮根植于萨姆森的文化基因中。马赛人属于尼洛特人族群，生活在肯尼亚和坦桑尼亚。[1] 他们没有银行账户或豪车，牲畜是他们的全部资产。想象一下，一头狮子即将摧毁你的银行账户，你会无动于衷吗？狮子吃掉马赛人的牛羊，威胁他们的生存，他们有充分的经济理由猎杀狮子，正如你会竭力保护自己的财产安全一样。

你可能会好奇，加州大学圣迭戈分校的教授是怎么与这个故事发生交集的。先发表一项免责声明：我在肯尼亚和坦桑尼亚没有猎杀狮子，但确实花了很多时间与马赛人相处，探索改变其传统习俗（猎狮）的方法。

提到野生狮子，你可能会觉得它们很残忍，会将体态丰满的游客或粗心大意的部落成员当成盘中餐。事实上，狮子和许多动物一样，通常会躲避人类。但由于生存环境艰难，在旱季或幼崽无法独自捕猎时，它们会不时攻击牲畜。狮子袭击马赛人的领地，马赛勇士就用长矛追杀它，防止它再次袭击。马赛人和狮子在这种平衡中共存了数百年。

但在过去的几十年里，经济发展导致肯尼亚狮子数量骤降，马赛的猎狮传统几乎失去了价值。1928年，肯尼亚人口只有290万。到21世纪，增加了16倍多，2019年超过5 200万，而且还在增长。[2] 人口增长带来经济发展，两个因素共同导致自然栖息地的流失，狮子数量进一步减少。30年前，非洲还有20万头野狮，现在估计只剩下2万头。[3]

狮子为塑造肯尼亚的国际形象做出了巨大贡献，狮子数量减少造成诸多危害，首先是肯尼亚的形象损失。此外，与所有濒危物种一样，狮子数量的减少扰乱了食物链的平衡。还要考虑一个经济因素：狮子是肯尼亚的旅游特色，创造了巨大的经济效益。马赛人的猎狮传统本就源于拯救牲畜的经济需求，有人想了解能否利用激励改变这一传统。

在飞往肯尼亚的航班上，我和朋友讨论了这个问题。即将见到在第一线攻坚克难的人，我们都很兴奋。一架小型赛斯纳飞机从内罗毕起飞，将我们带到目的地——肯尼亚南部与坦桑尼亚接壤的地区。飞机着陆后，迎接我们的是卢卡·贝尔彼得罗，一位精力充沛、充满自信的意大利人。卢卡成长于意大利北部，小时候与父亲一起到过非洲。其父酷爱猎杀猛兽（对坚定的环保主义者来说，这是个有趣的背景）。1996年，卢卡和妻子安东内拉·博诺米在马赛人的野生动物保护区创建了生态旅游民宿度假营，营地背靠壮丽的乞力马扎罗山和欧内斯特·海明威笔下的"非洲的青山"。

我们前往主建筑"藏宝营地"与卢卡共进晚餐。卢卡倚着壁炉，拿着一杯格拉巴酒，向我们讲述他少年时的经历。为了向父亲证明自己已做好加入非洲探险队的准备，他在意大利的家门口搭建帐篷，住了进去。

正是那几次探险让卢卡爱上了肯尼亚，最终选择在马赛人的土地上定居。他和妻子共同建造自己的家园，开启了非洲生活。他们的孩子和马赛人的孩子一起上学，他们最好的朋友是马赛人。然而，当被问及与马赛人的关系时，卢卡说："关系仍有发展的空间。马赛人的世界是封闭的，外人根本走不进去。偶尔能打开几扇窗让我看看，我就很高兴了。"[4]

不过，卢卡并非坐等机会降临的人。他是一名积极的环保主义者，充分尊重和理解马赛人的传统，成立了马赛野生动物保护信托基金会，帮助部落发展。该信托基金会雇用了300多名马赛人，致力于野生动物、马赛领地和马赛文化的保护工作。[5]最著名的支持者是演员爱德华·诺顿，他爱上了那片土地和那里的人，在美国成立了信托机构。为提高信托基金的知名度，诺顿邀请马赛人与他一起参加纽约马拉松比赛。跑者中有本章开头提到的萨姆森·帕拉希纳。如今，他已经37岁，不再是手持长矛躲在草丛里的男孩。他坦然自若地站在卢卡身边，用流利的英语讲述他们相识的过程。

在受训成为马赛勇士的同时，萨姆森还在卢卡的度假餐厅当服务员。像未来的勇士一样，他要学习如何使用长矛保护牲畜，在必要时杀死狮子，同时也为获得晋升学习管理知识。带着东西方文化交融的经验，他进入内罗毕一所大学继续深造。卢卡看到了萨姆森的潜力，在他毕业时任命他为民宿经理。后来，他成为信托基金的主席和董事长。

萨姆森告诉我，他的首要任务是找到狮子数量骤降的解决方案。萨姆森获得任命时，民宿所在地库库牧场只有10头狮子。附近区域的狮子数量从10年前的300多头下降到70头，部分原因在于入侵式的发展，但马赛人也负有一定的责任。2000年初，当地的马赛人猎杀了100多头狮子，这一趋势还在继续。[6]为解决该问题，卢卡和萨姆森联手设计了"辛巴项目"（"辛巴"在斯瓦希里语中意为"狮子"），这是一项基于经济激励的计划。

如果狮子猎杀了牛，传统的做法是，拥有牲畜的长老会召集勇士猎杀狮子。虽然这么做无法弥补损失，但可以防止狮子继续攻击牲畜。辛巴项目是针对拥有牲畜的长老的激励计划，旨在改变狮子数量减少的现状。

卢卡和萨姆森说，在辛巴项目中，遭受损失的长老可以得到经济补偿，前提是事件发生后，当地的狮子没有被猎杀。

这项激励计划改变了长老面对的现实。在新现实中，如果召集勇士猎杀狮子，他就得不到补偿。反之，他就有资格获得补偿。可想而知，在辛巴项目的激励下，长老会告诉勇士不要杀死狮子。因其他野生动物（如鬣狗、豹子、猎豹和野狗）造成的牲畜损失也可以获得经济补偿。将其他动物纳入补偿计划，对巩固禁猎规范、保持食物链平衡至关重要。

图 21-1 的博弈树显示了辛巴项目启动前的决定。简单地说，狮子猎杀了一头牛，长老必须决定是否召集勇士。如果他不召集，结果对他不利：他损失了一头牛，狮子可能会继续猎杀他的牛（结果 1）。如果他召集勇士，勇士猎杀狮子，他损失了一头牛，但狮子不会再来袭击，失去另一头牛的风险会降低（结果 2）。对长老来说，结果 2 优于结果 1，因此长老会召集勇士。

博弈树能让我们考虑激励对每个"玩家"的影响，有助于确定激励过程中最有效的环节。在这个博弈中，玩家由勇士和长老组成。请注意，他们之间没有竞争，但每个人

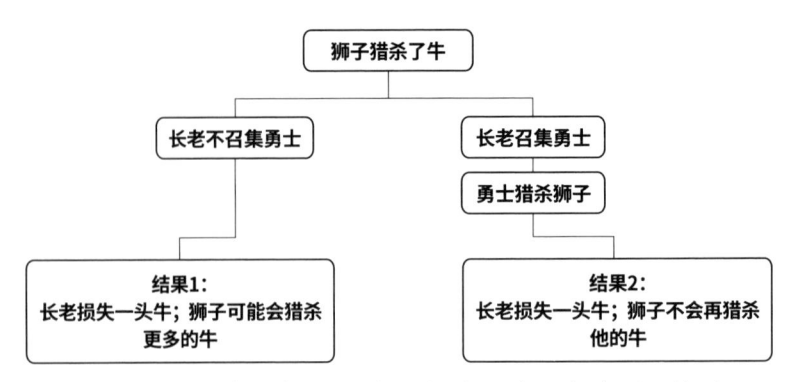

```
                    ┌─────────────┐
                    │ 狮子猎杀了牛 │
                    └──────┬──────┘
              ┌────────────┴────────────┐
     ┌────────────────┐          ┌────────────────┐
     │ 长老不召集勇士 │          │ 长老召集勇士   │
     └────────┬───────┘          └────────┬───────┘
              │                   ┌────────────────┐
              │                   │ 勇士猎杀狮子   │
              │                   └────────┬───────┘
     ┌────────────────────┐      ┌────────────────────┐
     │ 结果1:             │      │ 结果2:             │
     │ 长老损失一头牛；   │      │ 长老损失一头牛；   │
     │ 狮子可能会猎杀     │      │ 狮子不会再猎杀     │
     │ 更多的牛           │      │ 他的牛             │
     └────────────────────┘      └────────────────────┘
```

辛巴项目之前马赛人的猎狮激励。对长老来说：结果 1 < 结果 2 → 狮子会被猎杀。

图 21-1　马赛人猎杀狮子

的决定仍会影响对方的回报。长老的回报是他拥有的牲畜，勇士的回报是通过猎狮完成的成年仪式 —— 成为勇士中的一员。

卢卡和萨姆森决定将辛巴项目的激励重点放在长老身上，改变他们通过召集勇士获得的回报。他们想出了更具吸引力的替代方案。在一次部落会议上，萨姆森向长老们介绍了激励计划：如果长老不再召集勇士，而是向辛巴项目的核查员报告损失事件，他们将因损失的牛获得补偿。狮子会活下来，如果它再来猎杀牛，长老还会获得补偿（结果 3 显示在图 21-2 的博弈树中）。

在第一次部落会议上，萨姆森解释了该项目。卢卡观察长老们的表情，他们由最初的困惑、摇头反对，变为后来的理解，纷纷点头默许。当长老们离开后，卢卡和萨姆森思考了同样的问题：激励是否足以改变长老的行为和部落传统？

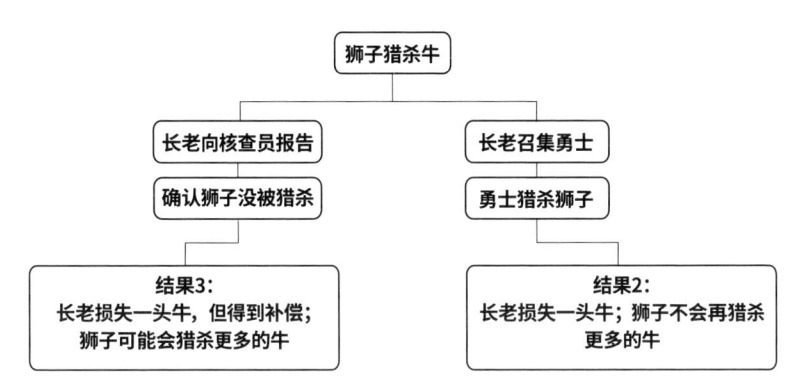

```
                    狮子猎杀牛
                   ┌──────┴──────┐
            长老向核查员报告      长老召集勇士
                   │                │
            确认狮子没被猎杀      勇士猎杀狮子
                   │                │
            ┌──────┴──────┐  ┌──────┴──────┐
            │   结果3：    │  │   结果2：    │
            │长老损失一头牛，│  │长老损失一头牛；│
            │但得到补偿；   │  │狮子不会再猎杀 │
            │狮子可能会猎杀 │  │   更多的牛    │
            │  更多的牛    │  │              │
            └─────────────┘  └─────────────┘
```

辛巴项目后的马赛人猎狮激励。对长老来说：结果 3 > 结果 2 → 狮子不会被猎杀。

图 21-2　马赛人不猎杀狮子

计划奏效的重要因素是补偿金额。如果辛巴项目给每位不召集勇士的长老一笔巨款，比如 100 万美元，那项目肯定会奏效。谁会拒绝呢？然而，项目将随着第一头牛的死亡而告终，问题会继续存在。

相反，辛巴项目根据牲畜的市场价值予以补偿。相较于以狮子为特色的旅游业带给马赛人的经济效益，补偿似乎是可控成本。这种财务核算非常重要，它使项目在经济上具有可持续性。卢卡解释说，项目资金全部来自民宿的旅客，他们支付额外的住宿税，野兽袭击造成的牲畜损失就是用这些税费来补偿的。换言之，到民宿体验野外生活的旅客同时也在资助野生动物保护项目。

> **要　点**
>
> 通过改变回报，激励可以改变文化。

第二十二章

保险欺诈与道德风险：马赛版

CHAPTER 22

任何项目的成功都取决于细节。如第二十一章所述，你可能已经想到辛巴项目激励计划中的一些潜在问题。该计划实际上相当于为长老阻止猎狮投保——就像西方人为防止汽车事故投保一样。与所有保单一样，辛巴项目也面临着战略挑战。本章探讨了两大难题，描述了萨姆森和卢卡共同寻找解决方案的过程。

保险欺诈

如果你认为保险欺诈是西方社会的独创，那不妨重新思考一下接下来的情况。肯尼亚的长老们即将获得狮子保险，而萨姆森则担心发生保险欺诈。他意识到，该项目的最大难点是确保长老如实报告事件。如果他们利用保险投机，辛巴项目就会以失败告终。

设想一下，一位长老有一头病牛。辛巴项目实施后，这个长老可能想让"投保"的病牛进入狮子的领地。当然，狮子会杀死这头倒霉的牛，长老就能以合法事件的名义要求补偿。将此场景看作另一棵博弈树，玩家依然是长老。长老有两种选择：(1) 让牛自然死亡，得不到补偿；(2) 让牛靠近狮子，希望它受到攻击，从而获得补偿。

保险欺诈五花八门，解决方案数不胜数。你可能还记得《黑道家族》中的一集《谁干的》，托尼心爱的跛脚赛马派欧迈死于一场神秘的火灾。[1] 托尼花了很长时间才查明，派欧迈的共有者拉尔菲是罪魁祸首。拉尔菲琢磨着，眼下派欧迈死了比活着更值钱。为获得保险赔偿，他指使纵火犯烧了马厩和赛马。对这种行为，托尼有自己的处理方式，他立即驱车到拉尔菲家中与他对峙，然后徒手干掉了他。

卢卡和萨姆森的解决方案远没有托尼那么极端，他们的方案包括预防欺诈的强制机制。第二天，萨姆森接到报案电话，邀请我们一同前往，我和朋友目睹了他们的解决过程。途中，萨姆森告诉我们，他和卢卡在信托基金中创建了一个名为"核查员"的团队。就像车险理算员一样，核查员负责监督28万英亩①的库库牧场，评估部族提出的索赔是否合理。

我们驶入马赛人的泥屋聚居地——博马，一名骑摩托

---

① 1 英亩≈4 046.856 平方米。——编者注

的核查员将车停到我们旁边。一行人朝长老走去，他正在家门口焦急地等待。核查员询问长老事件经过，在长老回答时做了笔录。之后，长老带我们来到山羊被猎杀的现场。核查员只需几分钟就能确认事实。他相信长老说的是实话——几只鬣狗袭击了山羊，现场的爪印和其他印记是明显的证据。萨姆森说，这些核查员训练有素，能在几秒内准确分析索赔的真实性。

然而，这个过程并没有就此结束。核查员用一部支持GPS的智能手机拍摄了现场照片和视频。萨姆森说，证据已被自动标记，上传到数据库，以便进行项目整体的统计分析。对于这起特殊案件，核查员的分析和结论很明确：山羊离聚居地博马很近，索赔是合理的。即便如此，他也将申请信息输入数据库，以便团队在正式批准之前深入分析。在离开时，他递给长老一张报销凭据。萨姆森告诉我，在项目启动时，审核严格的消息就已四处传开，长老们很快意识到，报假案骗不了核查员。

道德风险：为什么要修补栅栏？

保险欺诈问题得以解决，卢卡和萨姆森还面临第二个难题，即经济学家所说的"道德风险"。该理论认为，只要能为自己的汽车或房屋等物品投保，人们就缺乏确保其安全的动机。比如，如果你没有购买防盗险，有人偷了你的车，你会失去它的全部价值，因此你有很强的防盗动机。相较于投保的车主，没投保的车主更有可能采取额外的预防措施，比如安装方向盘锁。如果你买了保险，被盗虽然令人不快，但至少你能通过保险拿回大部分钱，失窃的打击会大大减轻。尽管有违直觉，但最破旧的车（图 22-1）往往有最周全的保护措施，因为它们根本不值得投保！

图 22-1　这辆锈迹斑斑、破旧不堪的车安装了方向盘锁，你能猜出原因吗？停车场里其他车都没有方向盘锁

辛巴项目实施后，萨姆森认识到，马赛人容易发生道德

风险问题。当我们走向汽车时,他告诉我们,为防止野兽袭击,聚居地周围安装了荆棘做成的栅栏。栅栏里面还有一道栅栏,牲畜处在两道栅栏的保护中。整个部落需要花大力气不断维护这些栅栏。

一开始,卢卡和萨姆森担心,如果牲畜有了保险,长老们就没有保护它们的动力。也就是说,他们没有购买"方向盘锁"的需求。当然,他们仍希望夜里不会遭到狮子的偷袭,但栅栏的维护压力可能要小得多。不同于对报假案的担忧,说服长老保护好投保的牲畜并非为了预防欺诈。从项目的角度看,粗心大意和安全疏忽有不良结果,会造成保险赔偿。

为了解决道德风险问题,卢卡和萨姆森设计的辛巴项目明确规定了博马栅栏的标准。根据项目要求,栅栏高度必须在2.5米以上,有厚实的覆盖物,不得出现野兽可钻入的缺口,还要有一扇安全坚固的大门。信托基金会聘请马赛专家,向长老传授更先进的放牧策略和栅栏建造技术。核查员除了在接到报案时做笔录和现场勘察,还负责检查博马的建造。如果他们确定博马维护不当,或者当事人在放牧时不遵照辛巴项目的标准,考虑到问题的严重程度,长老获得的赔偿可能会减少。

为解决道德风险问题,辛巴项目提供了三类补偿。[2]第一类补偿最高,牲畜在当事人按规定放牧时或在安全的博马栅栏中受到攻击。在此类情况下,每损失一头牲畜,长老将获得市场价值70%的补偿。像车险一样,长老没有得到全额补偿。为保留规避此类事件的动机，大多数保单都有免赔额，辛巴项目的补偿也模仿了该做法。另外两种递减补偿涉及放牧问题或博马安全问题。

要　点
别太天真——保险会削弱谨慎的动机。

第二十三章
改写勇士的故事

CHAPTER 23

一位长老回忆道：

　　成为一名勇士既令人兴奋，也很有趣；勇士有很多特权，也要承担很多责任。那段日子一点儿都不轻松，但很多人都将它视为人生中最美好的时光。要成为勇士，必须表现出勇敢：我们必须在整个部落面前接受割礼，不能退缩或眯起眼睛，不能露出任何痛苦的表情。倘若连这种可以承受的痛苦都受不了，又怎能说服长老，让他们相信我们会冒着生命危险保护牲畜和部落？

马赛男孩从小就接受训练，不仅要学习猎杀猛兽，还要忍受巨大的身体痛苦，这样他们在15岁接受割礼时就不会哭泣。在割礼仪式上，男孩们坐成一排，面无表情地看着执行人依次为他们实施割礼。哭泣或任何痛苦的表现都被视为软弱和部落的耻辱。

到目前为止，我们讨论的焦点是长老以及改变其回报的方式。勇士们对这个项目是什么反应？他们会袖手旁观，任传统销声匿迹吗？许多肯尼亚人享受着经济发展带来的现代生活方式，但马赛人仍自豪地按照祖先的传统构建自己的社会。如今，在大多数情况下，他们过着定居生活，但仍自认为是半游牧的牧民，每个马赛人都要履行传统角色的职责。妇女负责抚养孩子，照看羊群，做各种家务。马赛人是典型的父权社会，与他们接触后你很快就会发现，其性别角色与西方世界不同。

我和朋友拜访马赛人的小屋。男人负责接待，女人将行李拉进屋里。总的来说，女人干的活比男人多。年轻勇士的职责是保护部落免受野兽和敌人的袭击。管理部落的长老都是退役的勇士，他们对这种角色深感自豪。勇士的传统很悠久，这种自豪感根深蒂固。

萨姆森向我们讲述了猎狮是如何成为成年仪式的。他还告诉我们，要成为马赛勇士必须为部落做出贡献。萨姆森的一位朋友说："我们现在属于一个成年人群体，与同伴一起承担责任。我们要遵守严格的规则。我们不能在家里吃肉，必须和其他勇士一起去丛林打猎——家里的肉是给家人吃的，我们不能吃。我们不能饮酒或服用任何药物：必须时刻保持警惕，随时准备拯救牲畜，保护部落。"作为成熟的勇士，这些年轻人为肩负部落的重任而自豪。到了30岁左右，他们就娶妻成家，成为长老。

身为勇士，萨姆森很快意识到，如何激励勇士们加入辛巴项目是一个亟待解决的难题。卢卡和萨姆森预测，经济激励会让长老摆脱传统，但勇士没有改变自己行为的动力，他们的成年仪式仍是用长矛猎杀狮子。

辛巴项目不仅要为长老的牲畜损失提供补偿，还要为改变勇士的传统提供激励。为实现目标，项目组建了"辛巴侦察队"。核查员负责处理索赔，辛巴侦察队则负责与勇士传统完全对立的任务：保护狮子。侦察队由资深勇士组成，其中一些人有丰富的猎狮经验。信托基金会通过教育实现这一转变：无论年轻还是年长，勇士们都认识到拯救狮子的重要性。经验丰富的年长勇士协助信托基金会教育年轻勇士，他们开始逐渐转变传统观念。许多年长的勇士曾目睹朋友在猎狮中丧命，新的生活方式既能保留勇士传统又能挽救生命，他们愿意接受。辛巴侦察队重新定义了马赛勇士的核心价值——勇敢。勇敢不是猎杀狮子，而是保护它们，防止不必要的死亡，营造勇士和狮子的共生环境。辛巴侦察队还有一个重要作用，那就是向牧民通报附近狮子的位置，防止牲畜损失。

通过改变叙事，辛巴项目创造了另一种成人仪式，勇士们仍可以因自己的传统角色而自豪。新的激励改写了故事，逐步扭转了局面。渐渐地，申请加入辛巴侦察队的人越来越多，他们知道，这是勇士应该承担的责任。成为其中的一员，既能过上体面的生活，又能继承马赛传统。

在肯尼亚，我认识了辛巴侦察队队长，得以见证他们的行动。23岁的戴维·卡奈是一位马赛勇士,他身材魁梧、富有魅力。一天早晨,他邀请我们跟他的侦察队一起上山寻找狮子(图22-2)。同行的有6名队员,都穿着马赛传统服装。我们朝吉普车走去。旧车轮胎制成的凉鞋摩擦着地面,长矛在手,皮带上锋利的刀子叮当作响。队员们很高兴有人做伴,向我们展示了投掷长矛的高超技能(还取笑我笨拙的尝试)。

图22-2　辛巴侦察队队长戴维和队员约瑟夫在寻找狮子

吉普车向山上驶去,戴维和队员向我们简要说明了工作计划及行动步骤。一到那里,我们就下了车,他们一改轻松的态度,迅速组好队形,警惕地侦察周边地区。戴维说,辛巴侦察队的部分工作是借助特殊的追踪项圈监测当地狮子的动向。他从腰带上取下一根天线,这根天线可以探测到附近狮子所戴项圈发出的信号。这项落后的技术可以帮助侦察队定位狮子,虽然结果不太精准。掌握了狮子的大致动向和习性,侦察队就能保护狮群和马赛人。人类和野生动物不期而遇往往会造成牲畜死亡,他们的工作目标是减少这种冲突。侦察队利用搜集的数据向牧民通报狮子的位置,这样,牧民就可以在冲突发生之前转移牲畜。

我们进入大山深处,仍没有发现狮子。戴维告诉我们,狮子就躲在附近,观察着我们。侦察队跟踪狮子的足迹,发现了几小时前它们吃过的斑马的残骸。尽管没有遇见狮子,但这一上午还是有收获的。侦察队探明了狮子的位置,立即警告附近的牧民远离该地区,防止冲突的发生。

功夫不负有心人。卢卡和萨姆森对激励的理解契合辛巴项目的初衷,项目最终获得了成功。我们之前提到,在项目开始时,库库牧场大约有10头狮子,10年后增加到65头。考虑到自然资源的限制,这是在特定区域内可以达到的最大数量。

传统在马赛部落中发生了演变。当牲畜受到攻击时,长老们不再召集勇士。马赛男孩不再以猎狮为荣。随着旅游业的发展,当地狮子的数量逐渐增长,马赛人和卢卡对此结果感到欣慰。辛巴项目成功地将有害的传统转变为有益的行动:激励改写了故事。

虽然我们对辛巴项目的成功很感兴趣,但这并非我们千里迢迢来到肯尼亚的原因。我们的目标是,利用从辛巴项目中吸取的经验教训，设计激励计划，改变马赛部落的可怕传统：女性割礼。

要　点
利用激励构建新的传统。

第二十四章

改变女性割礼背后的经济学

CHAPTER 24

露西永生难忘的一夜

　　站在那儿的是我母亲,还有3个女人。其中一人手里拿着一把弯曲的长刀片,上面满是血锈。握着它的那只手苍老、干瘪却又坚定。我连连后退,目光无法从那只手和刀片上移开。我快要退到门口了,能听到孩子们在博马外面嬉笑打闹的声音。这时,我撞到堵在门口的姨妈身上,她是其中的一位,是我最爱的亲人。她毫无妥协之意。另一个女人抓住我的胳膊,我动弹不得。我被推倒在坚硬的泥地上,姨妈过来帮忙。执行割礼的人走过来,后面跟着我的母亲。我望着母亲,百般恳求。她是我母亲,她会保护我的,对吧?母亲的眼神悲伤却坚定,她说:"必须做。"话音刚落,她们就动手了——我发出惨叫。

露西·纳肖讲述了她9岁时的噩梦。她流了近一个月的血，度过了许多痛苦的不眠之夜。出血停止后，家人立即将她嫁给一个40岁的马赛男人，他已经有两个妻子了。

据估计，在肯尼亚及其邻国坦桑尼亚的马赛部落中，大多数妇女都遭受过割礼。[1] 女孩的割礼年龄通常在12～15岁。马赛男孩的成人仪式是猎狮，马赛女孩的成人仪式则是割礼。

每年，成千上万不幸的女孩都要经历露西的噩梦：女性生殖器残割术（FGM）。世界卫生组织将其定义为："出于非医疗原因部分或全部切除女性外生殖器，或对其造成其他伤害的行为。"[2] 事实上，禁止女性割礼对肯尼亚政府来说是有益的。2011年，肯尼亚与非洲其他国家共同宣布禁止女性割礼。肯尼亚42个部落中的5个部落有女性割礼传统，这个传统在马赛人中最为普遍。

改变对露西来说为时已晚，但对每年遭受割礼的数千名马赛女孩来说还不算晚。我向你保证，这绝非西方富人擅自干预第三世界国家文化传统的例子。人们经常将女性割礼与强奸少女罪相提并论。割礼必须被制止，很多人都在为此努力。我们不能也不应漠视对基本人权的侵犯，仅仅将其视为无法理解的文化的一部分。

你可能会想，男婴割礼在世界各地普遍存在，为什么要强烈抵制女性割礼。而且我们说过，马赛男孩也要在10～15岁接受割礼。[3] 我们没有为男性割礼辩护，只是强调女性割礼在很多方面与之截然不同。男性割礼很少导致并发症，但女性割礼是现代社会最持久、最普遍、最无声的人权侵犯行为，受害者终其一生都要遭受严重的身心伤害，还会导致辍学、未成年婚姻和计划生育失败等后果。由于部分阴蒂和大部分阴唇被割掉，许多女孩因并发症被迫辍学数月。她们永远无法享受性生活的快感，会反复出现感染，还会出现尿失禁。因疤痕导致的分娩并发症也是危及母亲和婴儿生命的严重问题。

女性割礼的健康危害这么多，它是怎么成为一种传统的？这得从很久以前说起。过去，马赛男人外出狩猎或保护部落，离家时间长达一年，回来后发现妻子怀上了别人的孩子。为了解决这个问题，他们发明了女性割礼。女性割礼让妻子无法享受性生活，从而减少了不忠的可能性。随着时间的推移，它演变为一种传统，成为女性成年和结婚的必备仪式。

为改变马赛的女性割礼传统，政府和非政府组织采取了教育和法律诉讼手段。遗憾的是，这些努力均以失败告终。在2011年立法禁止女性割礼之前，肯尼亚开展过一段时间的教育活动，但收效甚微，无力撼动社会规范。[4] 教育可能会偶尔说服母亲，让女儿免受割礼，但他们的家庭可能会遭到部落的排斥。为了实现长期变革，必须改变社会规范。教育带来的改变太慢了，无法让女孩摆脱痛苦，我们绝对不能接受这种结果。我和我的团队（亚历山大·卡佩伦、艾莱特·格尼茨、兰维格·法尔克和伯蒂尔·通戈登）提出了一种基于激励的新方法来废除女性割礼。

女性割礼具有经济意义。如果新娘实施过割礼,她在婚姻市场上的"价值"就更高;父母会得到更多彩礼(更多的牛),女孩也能找到地位较高的丈夫。[5]面对这些经济刺激和传统的巨大社会压力,大多数马赛父母愿意以女儿的健康为代价去冒险,即使母亲本人有过同样悲惨的命运。

哪怕危害再大,也很难撼动根深蒂固的传统。当传统还涉及经济利益时,改变更是难上加难。然而,我们在前几章看到,马赛的其他传统已经消失,这表明改变是可能的。辛巴项目利用经济激励改变了猎狮传统,它的成功让我们对破除女性割礼的陋习持乐观态度。我们的问题是:能否利用经济激励帮助马赛人废除女性割礼?我们的团队正在进行干预,目标是改变对决策者的激励,创造一种废除女性割礼的经济激励。

干预提案

要了解我们如何设计干预,首先要将目前的激励可视化,激励过程显示在图24-1的博弈树中。博弈树中的决策者是母亲,因为母亲是马赛女性割礼的实施者,女儿是否接受割礼母亲说了算。如果母亲决定不这么做,她的女儿可能找不到地位较高的丈夫,娘家也得不到丰厚的彩礼,女儿还可能遭到同龄人的排斥(图24-1博弈树中的结果1)。相反,如果母亲决定为女儿实施割礼,她嫁给地位较高的丈夫、获得丰厚彩礼的可能性就更大,在部落中的地位也更稳固(图 24-1 博弈树中的结果 2)。结果 2 的社会效益和经济效益都优于结果 1,因此母亲会随大溜,让女儿接受割礼。

```
            母亲
          ┌──┴──┐
        拒绝割礼  允许割礼
```

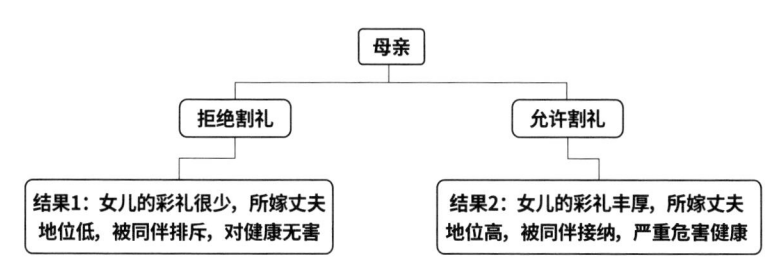

结果1:女儿的彩礼很少,所嫁丈夫地位低,被同伴排斥,对健康无害

结果2:女儿的彩礼丰厚,所嫁丈夫地位高,被同伴接纳,严重危害健康

图 24-1　激励提案之前的女性割礼决策

在改变母亲行为的过程中,哪个环节的激励最有效?如何利用激励改变结果,促使母亲选择割礼的替代方案?这是我们要解决的问题。显然,激励的力度要大,还要具备可扩展性,因为我们想最大限度地利用预算,说服赞助机构在其他部落实施激励。

与部落成员(包括萨姆森和卢卡)多次探讨后,我们了解到马赛父母希望女儿读高中。但目前大多数马赛女孩的处境是,14 岁小学毕业就实施了割礼,然后嫁人。可悲的是,2011 年的法律无意中降低了割礼的年龄,因为女孩年龄越小越不懂法,她们不知道割礼是违法的,不了解自己的权利,抵制割礼的可能性更小。[6] 许多女孩 15 岁就已成家,怀上了第一个孩子。

然而，少数幸运的女孩走上了不同的道路。无论是否实施割礼，高中毕业的马赛女孩都有更好的发展前景。但读高中的女孩很少，因为马赛没有高中。要读高中，她们就得去较远的寄宿学校。对大多数马赛家庭来说，寄宿学校的费用太高（每年2 000美元）。与接受割礼、走入婚姻的同龄人相比，少数高中毕业的女孩过着截然不同的人生。受过教育的马赛女孩在18岁回到部落，能找到高薪工作。许多人成为教师或护士，这在部落中是令人向往的职业。这些女孩思想独立，受过的教育足以让她们对女性割礼说"不"。值得注意的是，无论是否实施割礼，高中毕业的马赛女孩在婚姻市场上都有更高的价值。

受辛巴项目成功的启发，我们利用补偿策略来改变割礼传统。我们的激励计划很简单：只要不实施割礼，我们将支付女孩的高中学费。在马赛学校开学之前，我们将对符合条件的女孩进行健康检查。如果体检证实这些女孩没有被实施割礼，我们将支付她们下一年的高中学费。健康检查每年进行一次，直到女孩高中毕业。那时她们已拥有独立的思想，获得了足够的教育抵制女性割礼。

根据我们的激励计划，如果母亲没有对女儿实施割礼，团队将支付女孩的高中学费。现在，割礼的替代方案对母亲们的吸引力更大——她们有强烈的动机不为女儿实施割礼。FGM项目确保，母亲拒绝割礼仍能获得丰厚的彩礼，女儿还可以保持健康，接受高中教育，拥有美好的职业前景

(图 24-2 博弈树中的结果 3)。女儿也将继续被同龄人接纳，因为受过教育的职业女性在部落中是受到高度尊重的。相比之下，是否实施过割礼就无关紧要了。

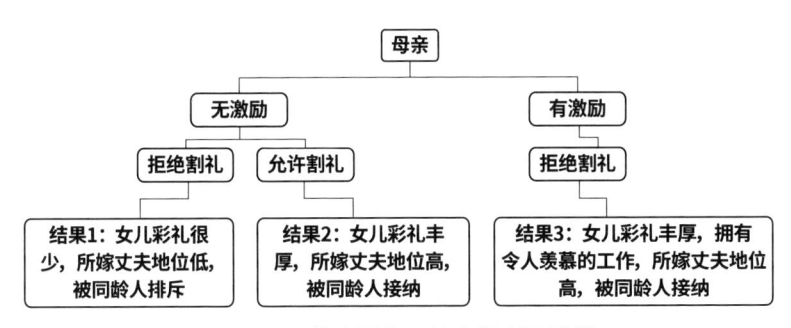

```
                        母亲
              ┌──────────┴──────────┐
           无激励                  有激励
        ┌────┴────┐                 │
     拒绝割礼   允许割礼          拒绝割礼
┌──────────┐ ┌──────────┐  ┌──────────────┐
│结果1:女儿彩│ │结果2:女儿 │ │结果3:女儿彩礼丰│
│礼很少,所嫁 │ │彩礼丰厚,所│ │厚,拥有令人羡 │
│丈夫地位低, │ │嫁丈夫地位 │ │慕的工作,所嫁丈│
│被同龄人排斥│ │高,被同龄人│ │夫地位高,被同龄│
│           │ │接纳      │ │人接纳        │
└──────────┘ └──────────┘ └──────────────┘
```

图 24-2　激励提案下的女性割礼决策

废除猎狮传统由旅游业收入来补偿，但废除女性割礼不能给部落带来直接、明显的经济效益。就像吸烟和锻炼的案例一样，在获得最终回报之前，需要做出长期承诺。激励成功不仅能让未来的马赛女性拥有幸福和健康，还能带来经济效益。因此，激励提案的意义远远超过废除女性割礼：教育赋予女性自主权，让她们拥有自己的收入来源，长期来看，会对整个部落产生积极影响。

方法：我们的计划

我们照例要检验激励计划的有效性。我们打算进行一项现场实验，也称随机对照实验（RCT），比较实验组（受激励女孩）和对照组（未受激励女孩）的结果。现场实验可以量化激励效果，并将其成本效益与其他方法的成本效益进行比较。

获得研究许可后，第一步是征得女孩及其父母的同意。所有11~14岁的马赛女孩都有资格参加这项研究，因为她们遭受割礼的风险最高。在征得同意后，我们计划在22所参与实验的学校中进行健康检查。是否实施过割礼是健康检查的一部分，团队护士将记录每个女孩的情况。

第二步是将11所学校随机分配到对照组，该组的女孩及其家人不会受到激励。将另外11所学校分配到实施激励的实验组。我们将激励措施告诉实验组的女孩及其家人：未接受割礼的女孩会在下一学年的高中阶段获得奖学金。我们希望，对激励的预期能说服那些还有几年才能上高中的女孩家人拒绝割礼。我们打算每年到村里进行一次体检，持续时间为6年。

预期问题

与辛巴项目一样，为避免出现潜在的问题，我们必须做出预测。我们确定了激励提案中最令人担忧的三大难题，并寻求它们的解决方案：同侪压力，社会规范，马赛男人。

同侪压力。 在大多数女性都实施割礼的情况下，未实施割礼的女性处境很艰难。族人将这些被排挤的女性视为"女

孩",没人重视她们的意见。[7] 有些女性甚至称她们是"不适合结婚的妓女"。受人排斥对马赛人来说尤为痛苦,因为他们非常看重群体归属感。

为消除未受割礼的女性承受的同侪压力,FGM 项目涵盖了部落中大部分女孩。在项目涉及的学校,预计所有 11~14 岁的女孩(约 1 200 名)都将参与进来。我们的目标是消除助长女性割礼的同侪压力。

社会规范。怎样才能阻止母亲为初中毕业的女儿实施割礼?证据表明,许多高中毕业的女生未实施割礼,但在村里的婚姻市场上炙手可热。此外,肯尼亚的寄宿学校公开谴责女性割礼,教师会告诉学生割礼的健康危害和相关风险。受过 4 年高中教育的女孩,明白自己的权利和女性割礼的风险,如果父母在她 18 岁时想为她实施割礼,她抵抗成功的可能性更大。马赛女孩年满 18 岁,家人就不能再胁迫她。女性割礼干预旨在让她们安全无恙地成长到 18 岁。

如今,马赛男孩的成人礼是加入辛巴侦察队。同样,FGM 项目将马赛女孩的成人礼转变为完成高中教育。我们相信,它会产生长期影响,促使社会规范朝积极的方向转变。这些高中毕业的女孩不再为自己的女儿实施割礼,从而打破有害的传统怪圈,创造出赋予女性权力的传统。

马赛男人。马赛人的传统观念很强,你或许想了解马赛男人在 FGM 项目中的反应。尽管马赛人是父权社会,但是否实施女性割礼完全由母亲决定。马赛男人更愿选择受过割礼

的女子为妻，主要是希望她被部落接纳。

马赛男人愿意娶未受割礼的女孩吗？面对我们的提问，他们的回答有点儿矛盾。一方面，他们确实希望妻子能享受性生活，免受割礼带来的病痛折磨。另一方面，他们也非常关心妻子在村里的社会地位。出于这个原因，大多数马赛男人更愿选择一个受过割礼的女人，因为她有较高的社会地位，被部落接纳。

FGM项目解决了这个两难困境，马赛男人更容易做出选择，从而改变动机。受过教育的女性有自己的职业和收入来源，因此无论是否实施割礼，都有很高的社会地位。FGM项目让马赛男人二者兼得：娶一个受过高中教育、未受割礼的女性，她拥有健康的身体，可以享受性生活，还能在部落中拥有很高的社会地位。

两个可能的未来

我们的激励计划已纳入上述提案，目前正在申请资金和研究许可，以便在未来几年内进行实验。如果它的重要性还未引发你的共鸣，那就忘掉博弈树和文字框，来肯尼亚认识一下南吉尼（图24-3）。她在家中5个孩子中排行第四，时刻都想逃离吵闹的生活。学校是她的避风港。她小小年纪已懂得助人为乐，立志成为一名护士。设想一下她的两个未来：

经过我们的干预和未经我们的干预。

图 24-3 南吉尼

FGM 项目即将启动。肯尼亚的合作伙伴满怀希望，正与我们携手共进。我们希望通过激励改变南吉尼和成千上万马赛女孩的人生。

要　点

在设计激励措施时，尽可能让多方参与进来。

协商信号：将激励运用到谈判中

第七部分

你刚在圣迭戈找到一份理想的工作，正神游于美丽的拉霍亚海滩，虽然你人还在芝加哥。动身前还有一些家务事要处理，头等大事是尽快卖掉房子。你在海德公园有一套漂亮的灰石宅邸，是2012年买的。这些年房子升值了，但因为它是该地区为数不多的翻修房屋，很难估计其确切价值。在做了大量研究之后，你认为它的合理售价是75万～80万美元。

你花了几周时间清理多年的垃圾。最后，房子被收拾干净，可以对外展示了。8月的最后一个周六，也就是你的"业主开放日"，你在爽朗的清晨走出家门——面带微笑，充满自信。开放后一小时，有几个人路过，四处看了看，礼貌地问了些问题就走了——显然不是诚心想买。开放后两小时，一位自称珍妮弗的年轻女子走进来。你把她带到桌子前，她放下皮包热情地告诉你，在看房的路上她偶遇了一个很棒的农贸市场。你笑了。过去12年，你每周六早上都会去街角的农贸市场，它是你喜欢这个社区最主要的原因。你希望珍妮弗会像喜欢农贸市场一样喜欢这所房子。

她查看了房子的每个角落。你能感受到她的兴奋——在圣迭戈海边的小公寓看到外景时，你也同样兴奋。当参观结束后，珍妮弗告诉你，她觉得这所房子很适合她，她很感兴趣。

你们准备谈判了。你想以尽可能高的价格卖出，珍妮弗想以尽可能低的价格买入。如何开启谈判？首先，你应牢记房子的最低售价，也就是"底价"——对你而言是75万美元。当然，你想以更高的价格出售。像许多谈判一样，你不知道对方（珍妮弗）最高愿意出多少。

假设协议达成，这种谈判被称为"零和博弈"。也就是说，这笔交易的利润是固定的：你的损失正是珍妮弗的收益。当然，你想分得更大的那块蛋糕。

在售房之前，你要做出一个重要决定：房子的报价是多少？你可能会认为首次报价没那么重要。我会让你相信，事实正好相反，它很重要。你的报价应大胆且合理。通过报价，你可以向买家传递非常重要的信号，这些信号可能影响买家的后续行为。在这一部分中，我们将研究影响首次报价信号价值的4个行为原则：锚定与调整不足、对比效应、价格传递质量信号和互惠原则。我将通过示例描述这些原则是如何发挥作用的。在这一部分的结尾你将了解到，在谈判中，高明的首次报价会给你带来优势，更妙的是，你能解释其中的原因。

第二十五章

锚定与调整不足

锚定效应意味着买方对相关物品价值的感知受谈判的影响。就你的房子而言,珍妮弗愿意支付的最高金额与你最初的信号(首次报价)呈正相关。

锚定效应的著名例子来自阿莫斯·特沃斯基和丹尼尔·卡尼曼1974年的经典实验:他们先让受试者旋转"幸运轮盘",得到一个随机数字。然后问他们,非洲国家在联合国的比例高于还是低于该数字。受试者要回答的最后一个问题是:"非洲国家在联合国中的占比是多少?"

包括我在内的大多数人都不知道答案。有趣的是,特沃斯基和卡尼曼发现:受试者的猜测与从旋转轮盘中获得的数字显著相关。在回答最后一个问题时,获得高锚点(从幸运轮盘中得到较大数字)的人比获得低锚点的人给出的答案要高得多,尽管受试者都认为,幸运轮盘的结果与联合国中非洲国家的数量没有任何关系。简单地说,从幸运轮盘中得到的数字越大，猜测的比例就越高。特沃斯基和卡尼曼将这一现象称为锚定效应。[1]

我是专家，我不会上当！

专家不会被首次报价锚定吧？为了研究这个问题，实验者检验了锚定对专家的影响。[2] 那是1983年，最低利率约为11%，实验者让一组金融经理估算半年后的最低利率。答案均值为10.9%。实验者问了另一组经理同样的问题，但方式略有不同。他们首先让经理预测半年后最低利率高于还是低于8%，然后让他们估计利率。在这种情况下，答案均值是10.5%。

第二组专家给出了较低的预测，因为其估值基于给定的8%。8%是实验者传递的预期未来利率的信号。受试者预计半年后的最低利率不会比目前的11%低太多，于是上调了预测值，但上调的幅度不够大，因为他们的预测仍受8%的影响。这种现象被称为锚定与调整不足。

同样，尽管房地产经纪人是专家，但他们很可能会像珍妮弗一样，根据你的要价（首次报价）来估计你的底价。你给珍妮弗的是初始报价，她可能知道你的要价略高，会下调该报价。然而，她会将你的报价作为信号，该信号表明你期望的价格比她之前估计的要高，她的调整可能是不够的。

结果怎样？她对你底价的估计会接近你的首次报价。

现实中是否存在锚定效应？

实验者要求亚利桑那州的房地产经纪人根据大量书面信息、房产实地考察和挂牌价评估亚利桑那州实际在售房产的价值。[3] 除了作为锚点的挂牌价，经纪人得到的信息都一样。在实验结束后的采访中，所有经纪人都说挂牌价对其评估没有影响。也就是说，经纪人表示，他们没有将要价当成信号——结果并非如此。

收到较低挂牌价的受试者评估的房产价值明显低于收到较高挂牌价的受试者。即使他们能获取所有信息，挂牌价也起到了信号作用。锚定对外行和专家都有信号价值：房地产经纪人每天都在估算房产价值，但他们仍会受锚定的影响。

让我们回到与珍妮弗的谈判中。根据刚才讨论的实验结果，你预计珍妮弗会受锚定的影响。如果你的要价基本上设定了谈判的锚点，你就向珍妮弗传递出你的期望值，她会估计你的底价，但她的估计会接近你的要价。如果你的首次要价较高，珍妮弗的估计将偏向这个价格，给出较高的还价。

但首次报价应该多高？请记住，你的报价应尽可能高，但不能高得离谱。如果报价 200 万美元，你传递的信号是你的期望不现实，或者你不懂行情。珍妮弗可能会礼貌地说声谢谢，然后迅速离开。你的首次报价应该能给人希望：既要高到出乎买家的预料，也要合理到足以让买家有信心还价。

> **要　点**
>
> 你的首次报价会影响还价，一定要传递出你的期望值很高的信号。

第二十六章
对比效应

CHAPTER 26

首次报价较高且合理,不仅可以锚定对方,还会让你在谈判中占据优势。它能产生所谓的对比效应。为了阐明这一基本原则,我讲一则童年时从父母那儿听到的寓言故事。

从前有个穷人,与母亲、妻子和6个孩子住在一间小屋里。穷人觉得这个家太吵、太拥挤,于是去询问拉比的意见。

拉比坐在那儿,若有所思地捋着胡子,最后建议穷人把鸡鹅都带进小屋,和家人一起生活。穷人觉得这个建议很荒谬,但还是照做了。

很快,穷人发现这一招儿适得其反。现在,除了家人的吵闹哭喊,还有鸡鹅的叫声。鸡鹅总是挡道,羽毛飞得到处都是。家里更乱了,空间更小了。于是,穷人又去找拉比。拉比又给他一个貌似荒谬的建议,让他把山羊也牵进小屋。在可怕的环境里生活了一周后，穷人第三次也是最后一次拜访拉比。这次，拉比的话像乐曲一样飘进穷人的耳朵——他建议把所有动物都赶出小屋。穷人欣然照办。

那天晚上，他们一家人睡得很安稳。没有鸡鸣和鹅叫，空间也足够大。现在，穷人觉得只有家人的小屋既安静又宽敞。

首次报价较高且给人希望（比如 87.5 万美元）不仅为珍妮弗设定了一个锚点，还是后续报价的参照点，最终成为成交价的参照点。这是一份持续送出的礼物。后面的谈判价格都会与你的首次报价进行比较和对比。我们将这种自动比较称为对比效应。

演示对比效应的实验非常简单，你可以自己尝试一下——不需要在房间里塞满鸡和山羊。把你的左手放入冷水中，右手放入热水中。在水中停留一分钟左右，然后将双手浸入温水中。此时水温是多少？

右手的感觉可能与左手不同。两只手都在同一桶水中，感觉却截然相反。之前浸在冷水中的左手感觉温暖，之前浸在热水中的右手感觉很凉。这种感觉很奇怪，虽然你知道此刻的水温，但大脑从两只手上收到了不同的信号。两只手感觉到不同的温差，它们向大脑发出的信号不是"水温 23 摄氏度"，而是"感觉较热（或较冷）"。

经济学家认同的规则是，事物的价值独立于其参照群体。简言之，某个选择的价值并不取决于与其无关的选择。但与这一规则相矛盾的是，人们从相对而非绝对的角度判断事物。在水温的例子中，水温并不取决于手之前的位置，我们"明白"这一点。但我们的手受到对比效应的影响，有不同的感觉。

对比效应不仅限于心理物理实验，也常见于经济决策，与经济学家的预期不一致。通过控制传递给大脑的信号，对大脑的了解有助于我们做出有益的经济选择。

为了在实践中证明对比效应，让我们看看另一个房产交易的例子。我们的朋友（称她朱莉娅吧）是一位成功的房地产经纪人，我们会将刚入职的教师介绍给她。她诚实、耐心、人脉很广，不向买家施压。

刚入职的教师在考虑购房时，通常会设定意向参数（面积、大小、价格等）。朱莉娅根据这些参数整理出市场上相关房屋的列表，并协调看房工作。新教师初来乍到，会在市区逛上几天，朱莉娅就抽出其中的一天，带他们参观在售的房子。朱莉娅已事先协调好了，他们会用一整天的时间集中看很多房子。

马丁入职后，我目睹了朱莉娅的做法。马丁是我的朋友，我陪他一起参加朱莉娅安排的看房之旅。一个晴朗的春日早晨，我们仨驱车四处看房。马丁考虑的首要因素是位置，他有两个年幼的孩子，想在离大学较近的郊区找房子。

我们看的第一栋房子比较旧，维护得不太好，租户是不善打理的学生。此外，房子的位置也不理想，离大学有点儿远，靠近嘈杂的高速公路。最重要的是，房子售价较高。当我们离开时，马丁看起来很沮丧。

第二栋房子要好得多。周围很安静，有一个雅致的后院，打理得很好。朱莉娅说出报价，马丁立刻眉开眼笑，比第一栋还便宜！

看到马丁的表情，我为他高兴。那一刻，我有一种似曾相识的感觉。我意识到，几年前朱莉娅带我看房时，我也有类似的经历。当时，我和妻子打算在圣迭戈买第一套房子，朱莉娅一开始带我们看的房子也很糟糕。把马丁送回酒店，我反复琢磨：这是巧合吗？

在驱车返回拉霍亚的途中，朱莉娅爽快地给出了答案，这根本不是巧合。她说，她有意将较差的房子安排在第一场。原因在于对比效应。简陋的房子设定了预期：它传递出一个信号——或许房产市场就是这样，房子又贵又不称心。相比之下，后面看的几栋要好得多，更容易获得买家的肯定。

朱莉娅懂得如何策划信号，利用对比效应——她知道买家会将后面看的房子与最初糟糕的房子进行比较，相比之下，后面的房子显得光鲜亮丽。俗话说，幸福的秘诀是不要期望过高。

当然，你无法控制珍妮弗安排的看房顺序，但仍可以利用对比效应。你知道要利用锚定效应给出首次报价，它传递出一个信号，表明你很看重这所房子，你的底价可能很高。

所有后续报价都会与之做对比。首次报价较高（在珍妮弗看来是不利因素）会人为提高珍妮弗对后续报价的评估。将较低的后续报价与较高的首次报价进行比较之后，她更有可能接受后续报价。

对比效应不仅影响珍妮弗的决定，还直接影响其满意度。一项针对本科生的实验证明了这一现象。受试者获得以下信息：

> 假设你是传播学专业的应届毕业生，正考虑在两家杂志社中选择一家，签订一年期的合同。
> （A）A杂志社年薪3.5万美元，但同等资历的员工年薪3.8万美元。
> （B）B杂志社年薪3.3万美元，但同等资历的员工年薪3万美元。

实验者问其中一半学生："你会选择哪家杂志社？"不出所料，84%的人选择了年薪较高的A。实验者问另一半学生："在哪家杂志社工作会让你更开心？"答案很有趣。62%的学生选择了B：他们认为与同龄人相比，绝对工资较低但相对工资较高的工作更快乐。

假设学生想挣更多的钱，通常的预测是，A选项多出2 000美元，他们应该更开心。同事工资的高低并不重要。这种逻辑错估了相对工资对满意度的重要性。

满意度在你和珍妮弗的谈判中也很重要。想象一下，你们谈判的两种结局：在场景 A 中，你要价 87.5 万美元，经过一番谈判，以 82.5 万美元的价格成交。在场景 B 中，你要价 80 万美元，且坚决拒绝还价，房子以 80 万美元成交。

哪个场景会让珍妮弗更快乐？是砍下 5 万美元的场景 A，还是与顽固卖家打交道的场景 B？由于对比效应，珍妮弗在场景 A 中可能会更开心：她会将 82.5 万美元与 87.5 万美元的首次报价进行比较，感觉 82.5 万美元更划算。

> **要　点**
>
> 我们的大脑通过对比来评估价值。确保你的首次报价能为后续报价创造鲜明的对比。

第二十七章
价格传递质量信号

CHAPTER 27

高锚点传递第一个信号,随后的对比效应传递第二个信号。美国互动健身平台Peloton首席执行官约翰·福利在为健身自行车定价时,通过反复尝试发现了第三个信号。2018年,在接受雅虎网财经报道采访时,他回忆道:"这是我们发现的一个有趣的心理学现象。很久之前,Peloton自行车最初的定价是1 200美元。客户反馈说,才卖1 200美元,质量肯定很差。我们将价格提高到2 000美元,销量增加了。人们说:'哦,这肯定是辆好车。'"[1]

这个例子表明,消费者将价格作为质量的信号。与Peloton的客户一样,我们认为价格等同于质量。研究表明,消费者通常如此,相信价格越高质量越好。[2]

思考这一情景:今天是你的生日,你想买一瓶好酒回家庆祝。平时,你喝的是20美元左右的葡萄酒,但今天是个特殊的日子，你决定买50美元的葡萄酒。你并没有明确的目标，只是认为50美元的葡萄酒比20美元的更美味。

以这件事的意义为出发点，2009年夏，我和艾莱特·格尼茨、多米尼克·洛加为加州蒂梅丘拉的酒庄老板乔做了一个简单的实验。[3] 乔想为他的葡萄酒制定最优定价策略，征求我们的建议。我们很乐意借此机会帮助他。你有多少机会一边探讨定价策略一边享受美味的葡萄酒？

在乔的酒庄，来宾可以品尝不同的葡萄酒，然后从中选择一款购买。顾客通常会到品酒区，按酒庄品尝、购买葡萄酒。我们实验中的葡萄酒是2005年的赤霞珠，"这是一款优质葡萄酒，散发着蓝莓派、黑加仑利口酒、洋槐花、铅笔屑和甜美的森林混合在一起的气息"。（不知道铅笔屑的味道来自哪里，一定是些落寞诗人品出来的。）乔将其标价为10美元，这款酒卖得很好。

为了检验"价格等同于质量"的现象，我们在几周的时间内，将赤霞珠的价格分别定为10美元、20美元或40美元。每天，乔都会向来宾宣传这款酒。顾客走到品酒柜台前，从服务员那儿拿到一张宣传单，上面印有9款葡萄酒的名字，价格从8美元到60美元不等。顾客可以品尝其中的6款。与大多数酒庄一样，该列表按照葡萄酒口味"由淡到浓"排序，先是白葡萄酒，然后是红葡萄酒，最后是甜葡萄酒。顾客通常会选择排名靠后的葡萄酒，赤霞珠总是排在第7位。经过15～30分钟的品鉴，顾客决定是否购买。

简单的价格变动结果让乔感到震惊。当定价 20 美元时，顾客购买赤霞珠的可能性比定价 10 美元时高出近 50%。也就是说，涨价后人们更喜欢这款葡萄酒了。通过调价，乔将酒庄的总利润提高了 11%。从此，乔不再凭猜测定价，而是先做实验。

在与珍妮弗的谈判中，你已经通过高要价创造了这种关联。首次报价传递出高质量的信号。想象一下，如果你的首次报价较低，非常接近 80 万美元的底价，珍妮弗可能不会想"哇，这真是笔好买卖"，而是将这个低报价视为房子有问题的信号——这一带晚上不安全，地板有霉菌，阁楼里有一窝松鼠——她会展开丰富的想象。无论最终售价多少，低于预期的要价都可能让买家认为她高估了房子的价值。

正如对比效应会影响满意度一样，价格会影响顾客的信念和期望，进而影响其主观体验。在乔的酒庄实验中，我们还做了一项调查，询问顾客对品尝的每款葡萄酒的喜爱程度。事实证明，我们对赤霞珠的定价越高，顾客的评价就越好。

一项针对健身中心会员的实验也发现了类似的结果。[4] 受试者在健身前和健身过程中都要喝能量饮料。第一组受试者被告知，该饮料是以 2.89 美元的正常价格购买的；第二组被告知，该饮料的正常价格为 2.89 美元，但作为机构交易的一部分，它是以 0.89 美元的折扣价购买的。锻炼后，受试者对运动强度和疲劳程度进行了评分。第二组受试者运动强度的评分明显低于第一组,而疲劳程度的评分则高于第一组。

价格更贵意味着质量更好,满意度更高,该效应与你和珍妮弗的谈判有什么关系?让珍妮弗认为你的房子更贵可以改变她对自己底价的评估,甚至可以让她在成交时更开心。

> **要 点**
>
> 价格传递质量信号。确保给人留下美好的印象。

第二十八章
互惠原则

CHAPTER 28

你的高要价锚定了珍妮弗,利用了对比效应,传递出高品质的信号。我探讨的最后一个心理因素是互惠——人类根深蒂固的礼尚往来天性。也就是说,我们有投桃报李的倾向。

1974年,杨百翰大学的社会学家菲利普·孔兹做了一个简单的实验:他从电话簿中随机抽取了附近城镇的600人,给他们寄出圣诞贺卡。几周后,他收到200多张陌生人寄来的圣诞贺卡。原因何在?是互惠原则在起作用。[1]

互惠原则深深根植于我们的文化。即使我们不认识或不喜欢对方,甚至其付出并非我们所愿,我们也感觉有回报的义务。一个著名的实验展现了互惠原则。受试者的任务是为画作打分,他们以为自己参加的是艺术鉴赏实验。他们与另一名"受试者"合作,后者是研究人员假扮的。在第一种情况下,研究人员(我们称他为吉姆)离开几分钟,回来送给同伴一瓶可乐。在第二种情况下，吉姆只是离开几分钟，回来没带可乐。两人给画作评分后，吉姆要求同伴购买彩票。相较于没有获得可乐的受试者，获得免费可乐的受试者购买的彩票多出不止两倍。他们觉得欠了吉姆人情，便以更高的购买率回报他，尽管他们并没有要求喝可乐。

成功的推销员一直使用互惠原则来提高销售额。亚利桑那州立大学的罗伯特·西奥迪尼在其经典著作《影响力》中令人信服地指出，即使最初的善举并非发自内心，而是为了获得回报刻意设计的，互惠原则也能引发好感。[2]西奥迪尼举了一个例子：印度教克利须那派教徒向路人赠送鲜花，然后立即要求对方捐款。

互惠是一种强大的力量。在与珍妮弗谈判时请牢记这一点。如果你的首次报价足够高，你就能通过假装做出大让步来"优惠"珍妮弗。比如，你的首次要价是87.5万美元。你不指望她会接受，但已埋下伏笔：你锚定了她，传递出一个信号——你认为自己的房子品质上乘，你知道所有后续报价都将与87.5万美元进行比较。珍妮弗还了价。由于首次报价很高，你可以做一次大让步，比如，降3万美元。你的二次报价为84.5万美元，仍高于底价，但比首次报价更具吸引力。你通过让步向珍妮弗展现了慷慨，现在轮到她回应了。这一信号可能也会影响珍妮弗的反应。3万美元的让步不会影响她对二次报价的评估，但和所有人一样，她受到社会规范的影响，觉得有义务回报这一大笔"恩惠"。她更有可能接受第二次报价，或者给出一个对你更有利的还价。在谈判中，这种互惠被视为一种"公平"：我做出让步，然后你也做出让步。较高的首次报价创造了互惠游戏，为珍妮弗提供不断递减的优惠，直到她接受报价。如果你的首次报价为 80 万美元，你不但无法利用前三个信号，也无法利用第四个信号：你不可能做出大让步，珍妮弗也不会放弃她更低的还价。你们可能不欢而散——这不是一个好结局。

我说过，你的报价应该"大胆且合理"，但到底怎样才算合理？如前所述，如果你的要价太高，把买家吓跑，所有的信号就会失效。你的要价应该让买家惊讶，但不至于让他们离开谈判桌。《理性谈判》的合著者玛格丽特·尼尔说，首次报价应该"虚张声势"。[3]

我最喜欢的谈判策略案例来自儿子罗恩（就是引言中迪士尼案例中的罗恩）。当时他 9 岁，掉了一颗牙。虽然我和妻子知道他不再相信牙仙子，但还是像对待大女儿一样，扮演了这个角色。我提醒他睡前把牙齿放在枕头下，问他觉得牙仙子会给他多少钱。他耸耸肩，穿上了睡衣。几个小时后，我的妻子，也就是牙仙子，拿着 3 美元走进他的卧室。她从罗恩的枕头下找到了牙齿以及下面的纸条，如图 28-1 所示。

妻子把纸条拿给我看，我们哈哈大笑，一致认为儿子的创造力配得上他要求的 20 美元。他有能力给出一个完美的要价。如果他狮子大开口，我们可能会婉言拒绝，只给他最初

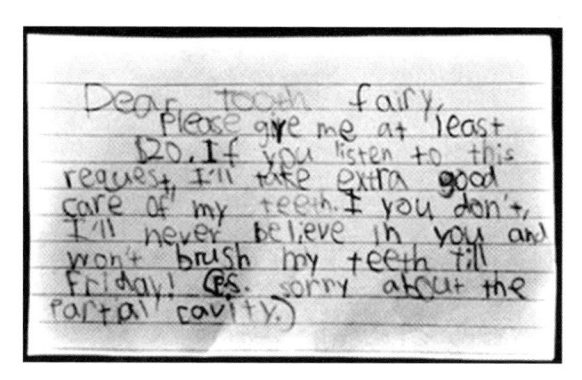

图 28-1　激励牙仙子纸条

[图中的文字意为：亲爱的牙仙子，请至少给我 20 美元。如果你答应我的请求，我会加倍爱护牙齿。不然，我再也不相信你了。而且，不到周五我不刷牙！（对不起，牙洞。）]

的 3 美元。如果他要 5 美元，我们会毫不犹豫地多给 2 美元。他要 20 美元，我们大吃一惊，却仍有商量的余地。这个要价很高，但不至于让我们断然拒绝。结果，我儿子多赚了 17 美元。

当然，不同的环境和文化对"大胆且合理"有不同的诠释。如果你是中东集市的小贩，你的要价比底价高出好几倍，可能就会吓跑顾客。所以在中东使用这种售房策略，效果可能不理想。你最好以不超过预期售价 20% 的价格挂牌，否则会传递出你不靠谱的信号。在一些谈判空间较小的行业，高出 1% 可能就已经很离谱了。

在本章中，我们重点探讨了首次报价决策的"科学"性。

根据当前形势做出调整是一种谈判"艺术",它需要精心准备、搜集数据,还要具备经验和直觉。记住这个有效的经验法则:如果对方还价(没发脾气,也没急着签合同),你最初的报价就不是太离谱。

> **要 点**
>
> 在谈判中考虑首次报价的信号价值。它可以帮助你锚定谈判,创造对比效应,提高感知价值,激发互惠行为。

结论

从混合信号到清晰信号

本书的大部分内容写于新冠病毒感染疫情期间。我在由车库改造的办公室里写作，思考着疫情如何将世界变成一个现实的行为实验室。人们正在探讨的问题正是本书的主题。有些问题很现实，比如，能否利用激励提高疫苗接种率？如何控制激励传递的信号？其他问题则涉及道德层面，比如，即使可以使用激励并控制其信号，我们也应该这样做吗？

回到2021年春：疫苗即将投入使用。疫苗为这场战役争取到短暂的休战期，世界终于可以松一口气了，但人们很快意识到，庆祝还为时过早——很多人不愿接种疫苗。各类机构都想知道如何激励人们接种疫苗。

在推动激励方面，美国政府一马当先。2021年5月25日，美国财政部发布消息：各州可以将新冠病毒感染救助计划中的数十亿美元用于激励，激励形式包括彩票、现金支付和非货币福利，前提是它们能"适当"增加疫苗接种，且费用与预期的公共健康收益"比例合理"。州政府和联邦政府出资数亿美元鼓励疫苗接种,许多私营公司纷纷效仿,趁机为接种疫苗的客户发放赠品,在鼓励疫苗接种的同时推广业务。无论人们对接种新冠疫苗的态度如何,对那些想了解激励作用的个人和组织来说,这都是激动人心的时刻。

《纽约时报》记者萨拉·默沃斯探讨了首次使用的彩票激励。文章题为《想成为百万富翁?在俄亥俄州,你只需接种新冠疫苗,等待好运》。文章涉及俄亥俄州的一项激励计划——"接种疫苗得百万美元奖金"。该计划为至少接种过一剂疫苗的居民提供一张百万美元彩票。默沃斯采访了俄亥俄州某县卫生部门负责人杰克·佩珀,他描述了一度门可罗雀的乡村疫苗接种点的场景:"门口第一次排起了长队。之前,公务人员一直在为推广疫苗接种出谋划策,突然间他们忙得团团转……不管到哪儿都有人跟我开玩笑,'嘿,我什么时候才能中百万美元大奖'?"[1]确实有人中了奖:第一个百万美元大奖得主是俄亥俄州辛辛那提附近锡尔弗顿镇的阿比吉尔·布根斯克。恭喜!

俄亥俄州州长迈克·德万对项目结果很满意,他说:"我非常高兴……它带来了改变,可以说是巨变。"联邦政府得知此事,白宫新冠病毒感染顾问安迪·斯莱维特对州长不吝溢美之词:"迈克·德万破解了一个秘密……人们关注新冠病毒感染,也关注别的事情。"[2]其他州,如马里兰州、纽约州、科罗拉多州和俄勒冈州也采用了类似的计划。

"破解激励的秘密"是好事。激励发挥了作用，人们意识到激励可以成为其工具箱的一部分，这让我很开心。"接种疫苗得百万美元奖金"固然有趣（你预感要出现转折词），但彩票激励是否有效的答案要复杂得多。德万注意到，在抽奖激励实施期间，疫苗接种从之前的每天1.5万次飙升到2.6万次，根据这些信息他得出结论，抽奖激励成功了。我们很容易识别该结论的漏洞：缺少未受激励的对照组，因此，彩票激励的作用并非独立存在。这一结果可能是因为在实施彩票激励时有了更完善的基础设施，或者恰好在那时疫苗被批准用于12岁儿童，或者源于大量其他因素。没有对照组，我们就无法将彩票的影响与同时发生的其他事件区分开来。现实世界很复杂。[3]

德万的结论为时尚早，还有一个重要原因：他观察的是彩票的即时效果，没有考虑激励的负面效应。现在，你对激励的负面效应已经很了解了。我们一起看看这个例子。想象一个场景，一所医学院正在测试一种新疫苗，为参加临床试验的受试者提供50美元奖金。要求签署的同意书上说，疫苗非常安全，已知的副作用很小。许多人会考虑参与这项有益的试验。事实上，这正是目前的医学研究方式。现在，想象同样的情景，不同的是，医学院给你的奖金不是50美元，而是5万美元，你的反应是什么？我的反应可能是："等等，不会有什么陷阱吧？"此时，强大的激励传递出一个信号，即研究人员可能隐瞒了信息。为了赚钱，我可能会参与试验，却不免忧心忡忡。百万美元的彩票奖励也可能引发类似的顾虑。对某些人，特别是那些怀疑疫苗和政府的人来说，巨额奖金不经意间传递了疫苗有问题的信号，否则，州政府怎么会出巨资让人们接种疫苗？

考虑到疫情的严重性，即使大家都不质疑彩票激励的目的，认为它合情合理，但从长远看，其负面效应也令人担忧。如果彩票在项目期间提高了疫苗接种率，那非常好。但彩票激励终止后，人们是否愿意接种疫苗？助推器的效果可能会锐减。在这种情况下，州政府最好一开始就不提供彩票激励。

激励的信号效果因人而异，新冠疫苗接种的案例完美地证明了这一点。面对激励，人们可以分为三类。第一类是不需要激励就能完成特定任务的人。在疫苗接种案例中，他们是尊重科学的一群人，认为不接种疫苗的风险高于接种疫苗的风险。第二类人是无论提供什么激励，都不会执行任务的人。他们不相信科学或政府，认为比尔·盖茨在借助疫苗将微芯片植入毫无防备的无辜者体内。任何措施都不能激励他们接种疫苗，即使百万美元大奖也无济于事。第三类是持怀疑态度或困惑不解的人，他们可能会受到影响而改变态度。这些人是你激励的对象，他们会寻找有助于决策的每一个信号。对他们来说，巨额奖励可能是一个负面信号，原因我们刚才已经探讨过。

需要明确的是，问题不在于是否将彩票作为激励手段。

思考另一类彩票的例子——在我看来，它比百万美元彩票更有效。2021年5月，新泽西州州长菲尔·墨菲发起了"泽西夏日行动"，其中有个奖项是与州长及其夫人共进晚餐。接种至少一剂新冠疫苗的居民有资格参加抽奖。即使菲尔·墨菲很受欢迎，奖励的价值也显然低于100万美元。但这种激励效果更好，也更明智，因为它传递的信号是，州长高度关注疫苗接种情况，重视疫苗接种工作，愿意为提高疫苗接种率付出时间。企业也提供了有效的彩票激励。洛杉矶举办了一次抽奖活动，奖品是两张湖人队的季票，下周末接种疫苗的人有资格参加抽奖。门票由湖人队捐赠，他们获得了很好的公关形象。更重要的是，门票传递出信号，表明湖人队希望在观众的支持下重新开赛，因此需要观众接种疫苗。

尽管百万美元的彩票激励能创造精彩的故事，吸引公众和媒体的关注，但我更喜欢某些公共组织和私人机构提供的"墨菲式"奖励，虽然这些奖励的面值较低。例如，新泽西州为接种疫苗的人提供州立公园的免费门票。我喜欢这种激励，因为它关联了正确的信号。与湖人队的门票一样，这一激励措施告诉居民，重新开放的前提是人们接种了疫苗。只有接种疫苗才能安全行动，激励（免费的公园门票）与这件事直接相关。引用新泽西州公园和林业局局长约翰·塞西尔的话："我们期待今年夏天能开放公园，真诚希望大家利用这个免费机会，同时通过正确的行事来结束疫情。"[4] 全美各地都采取了类似的激励措施，新泽西州的邻居纽约免费开放纽约市水族馆、纽约植物园，提供纽约市渡轮等的免费票。

你可能会在居家隔离期间感受到当地商家的诉求——"想想当地的咖啡馆/餐馆/书店在疫情期间遭受的重创。为了支持它们，你需要接种疫苗，再次光顾"。我很喜欢这类信息，因为它将疫苗接种与商家的生意兴隆联系在一起，这是我最欣赏的激励方式。为鼓励疫苗接种，公共和私人组织将现金奖励与支持当地企业相结合。2020年5月底，康涅狄格州州长内德·拉蒙特宣布，全程接种疫苗的居民将获得当地餐馆的一杯免费饮料。[5]州长说："我们正尽一切努力激励你，如果你已经接种疫苗，欢迎来餐馆就餐。"康涅狄格州餐馆协会执行董事斯科特·多尔希指出："这是在表达感谢。就好像说，感谢大家齐心协力支持行业复苏，也感谢大家接种疫苗。人们知道，接种疫苗有助于保护最脆弱的群体，让我们在今年夏天恢复正常营业。如果没有大家的支持，这一天就不会到来。"[6]这是利用激励传递目标信号的方式。Krispy Kreme 甜甜圈连锁店很好地贯彻了这一理念，如果顾客出示疫苗接种卡，可以免费获得一个光面原味甜甜圈。昔客堡也发起了"接种疫苗，得奶昔"活动。[7]很难想象这种激励会适得其反——它们是传递正确信号的明智激励。

到目前为止，我们探讨的疫苗激励措施比较容易被公众接受，因为它们在很大程度上实现了鼓励接种的目标，同时不会伤害不接种的人。我之所以强调"在很大程度上"，是因为有些企业将激励限定在"接种疫苗保护你和他人"的框架内，这么做是有代价的。这一信息暗指那些不接种疫苗的人不关心他人。我相信科学，相信人们应该接种疫苗，但利用激励将信念强加于人属于滑坡谬误。

是否接受这种羞辱不是件小事。对许多公共和私人组织来说，疫苗接种非常重要，他们一贯持鲜明立场。有些组织推进了激励的边界，出台了变相的激励措施，其中最值得注意的是"健康通行证"——餐厅、现场演出、健身房等场所要求出示证明。健康通行证使不愿接种疫苗的人受到越来越多的限制，从而起到促进接种的作用。未接种疫苗的人被要求每隔几天进行一次检测，或者被很多场所拒之门外。尽管这些规定源于对健康的关注，但也是一种负激励。

当然，激励可以在某些时候转化为政策，比如强制接种疫苗。支持这一政策的理由很明确：人们去医院看病，不希望为自己治疗的医护人员没有接种疫苗；当乘坐飞机时，人们不想从未接种疫苗的空乘人员手中拿到椒盐脆饼；当学生进入教室时，他们不愿忧心忡忡，担心身边有未接种疫苗的教授或同学。尽管赞成的理由很明确，但是从法律和道德角度反对的理由也很明确。[8]

类似的反对意见以前就有。强制使用安全带的规定在出台时也遭到了反对。丹尼尔·阿克曼在博客媒体"商业内幕"上发表了一篇文章，将20世纪80年代安全带规定的反对之声与最近新冠疫苗接种规定的反对之声进行了比较。在20世纪 80 年代之前，使用安全带在美国是自愿行为。1956 年，仅 2% 的福特车主选择购买 27 美元的安全带，死亡人数不断攀升。在之后的几十年里，越来越多的证据表明，安全带可以有效挽救生命。但在 1983 年，只有不到 15% 的美国人表示经常使用安全带。1984 年，纽约率先颁布了强制使用安全带法案，其他州紧随其后。但是，正如阿克曼所说，这引发了公众的不满。1984 年 7 月的盖洛普民意调查表明，65% 的美国人反对该法案。有人说，从汽车残骸中被甩出来比被困在里面更安全。与疫苗接种的情况一样，这些反对意见仅从统计学角度来看就是错的。阿克曼还引用了道德层面的反对意见，1987 年《芝加哥论坛报》的一篇社论写道，"在美国，保护自由比通过立法规范生活更重要"。有人割断汽车安全带以示抗议，还有人在法庭上质疑安全带法案。他们对个人自由持强硬立场，称"不能把美国人绑在安全带上"。[9]

像安全带案例一样，正因为面对巨大的挑战，只有规定强制接种疫苗才传递出一个坚定的信号。我记得我在童年时，汽车后座上根本没有安全带。你能想象现在还有这种汽车吗？通过各种努力，安全带已融入我们的日常生活。数据显示，如今 90% 以上的美国人经常使用安全带。正如阿克曼指出的，这种转变需要时间，需要公共服务和法律执行的助推，甚至需要汽车上的定期提醒。所有努力都是一种信号，表明使用安全带对挽救生命至关重要。立法者不会轻易强制执行此类法律。同样，汽车制造商也不会因取悦客户而给汽车添加恼人的噪声。他们的做法传递出一个明确而强烈的信号，表明他们重视这一行为。改变安全带使用习惯用了几十年（安全带被发明后整整一个世纪才出台了强制法案），但改变疫苗接种行为可能会更快。

正是从这一角度出发，我们应理解2021年7月拜登总统的行动呼吁。他敦促各州为新接种疫苗的人发放100美元奖励，因为"人们正在死亡的边缘挣扎，那些本该活下来的人即将死去"。拜登总统指出："如果我们能让更多的人接种疫苗，所有人都会从中受益。"他没有就此止步——针对联邦政府工作人员，颁布了更严格的安全政策，要求员工出示疫苗接种证明，否则就要接受强制性检测和戴口罩。他知道单独实施金钱激励的缺陷，并将其与更严格的措施捆绑在一起，以传递出更强的信号，表明疫苗接种的重要性。与安全带的例子一样，当激励措施与极端信息一致时，强制执行的整体效果会更好。[10]

强制执行是极端措施，表明政府认为疫苗接种至关重要。我们已经从其他例子中了解到，这些强信号是有效的。思考一下强信号和税收的案例（改编自理查德·塞勒和卡斯·桑斯坦的《助推》）。

> 迄今为止，瑞典是世界上碳排放价格最高的国家，约130美元/吨。1991年开始征税时为28美元/吨，逐渐增至现在的水平。与其他经济合作与发展组织成员国

相比，瑞典的实际GDP（国内生产总值）增长83%，碳排放量减少27%。虽然税收提高了汽油价格，但相较于单独上涨汽油价格，碳排放税带来的行为改变更显著。我们从中得出一个普遍经验。如果人们理解某项税收是为了解决严峻的问题，其效果可能会比纯粹的经济激励更好。此时，人们可能会收到一个信号：减少温室气体排放是利在千秋的好事。大家愿意从善如流，即使这不符合经济利益。人类就是这样。[11]

碳排放税明确了最终目标。税收传递出信号，表明政府的优先事项。

另一个强信号的例子是一次性塑料购物袋的收费。以色列2017年出台的法规规定，大型零售商必须向顾客收取一次性塑料袋的使用费，这笔钱将用于环保基金。激励宣传语写道："本法规的目的是减少塑料袋的使用，以及由此产生的垃圾和对环境的破坏……包括对其销售额外收费……确保环境健康，保护生物多样性，预防并降低环境和健康危害，改善人民及后代的生活品质和环境质量。"[12]

3美分的额外费用微乎其微，但发出的信号非常强烈。它传递的信息是：环境保护非常重要。就像瑞典的例子一样，其激励效果远胜于货币价值本身的预期效果。在法规实施的当年，食品连锁店顾客的塑料袋用量减少了80%。数据显示，2017年售出3.78亿个塑料袋，而法规实施之前的2016年为

17.53亿个。节省的塑料袋总重为7 091吨。其他国家的数据显示，在此类法规通过后，类似的变化也发生了。

为什么以色列的新法规如此成功？因为与之相关的信息很明确，从而增强了信号价值。法规有力地向人们宣告，一次性塑料袋危害环境，应避免使用。使用要付出一点儿代价，但我们的目的不是收费，而是保护环境。

当遇到量子力学问题时，你会请教物理学家；当遇到根管治疗问题时，你会去看牙医；当汽车引擎失灵时，你会给维修师打电话。在这些情况下，你知道要咨询专家。有些问题只需少许专业知识和技能，你会尝试自己解决。我曾亲手建造过自家的露台，我的家人可以告诉你全部过程。在读了几篇文章、看了几段优兔视频后，我就动手了。相较于雇用专业人员，我耗费了更多的时间和金钱，关键是露台做得不怎么坚固。但我从那次经历中吸取了教训。几年后，我请教了露台建造商，自建了第二个露台，结构更加牢固，对此我深感自豪。

我想强调的是，解决问题往往需要一定程度的专业知识。在设计激励措施时也是如此：当问题涉及行为改变时，你不应闭门造车，有效的方法是进行研究，同时向有经验的人学习。激励设计需要知识储备，虽然它不像理解弦理论那么困难，但知识和经验可以助你一臂之力。本书的写作目的之一就是为你提供这样的帮助。

感谢你阅读《混合信号》，希望你在阅读中获得的快乐与我写作时一样多。我很幸运,于我而言,思考激励及其塑造世界的方式既是爱好也是工作,这令我不胜欢喜。在研究中,我加深了对自己和他人的了解。愿本书能激发你思考激励的意义,以及如何在生活中运用激励——无论是激励员工,还是激励孩子学习如厕。如果本书只能留下一条重要的建议,那就是:激励传递出信号,你要做的是确保这个信号与目标一致。

致谢

本书的写作是一段妙趣横生、受益匪浅的旅程，其内容基于我和我的合著者及学生多年的研究——我很幸运，一路收获了很多人的友谊和支持。

本书的框架是在与凯蒂·巴卡-莫茨的早期探讨中形成的。桑迪·坎贝尔大学毕业时就与我合作，她总是大胆地提出意见，是我见过的最认真的读者。威廉·王和诺姆·格尼茨一字一句阅读了本书，他们做出了重要贡献。感谢凯蒂、桑迪、威廉和诺姆！

在提炼核心思想方面，我的编辑塞思·迪奇克发挥了至关重要的作用，他督促我要关注此事。非常感谢他和耶鲁大学出版社所有信任我的人。莱文·格林伯格·罗斯坦文学社的詹姆斯·莱文全程提供了专业支持和指导。路易吉·塞格雷创作了本书的漫画，与他合作很开心。

朋友说，我的妻子、合著者艾莱特应该获得一枚奖章，理由是她一直陪伴着我，我表示赞同。感谢艾莱特和我们的孩子诺姆、内塔和罗恩，你们让我懂得激励的局限性——你们是命运对我最好的恩赐。

注释

引言

1. Sally Black, "Do You Lie about Your Kids to Get Family Vacation Deals?," *VacationKids*, September 16, 2013, https://www.vacationkids.com/Vacations-with-kids/bid/313333/Do-You-Lie-About-Your-Kids-To-Get-Family-Vacation-Deals.

2. See Emre Soyer and Robin Hogarth, *The Myth of Experience* (New York: Public Affairs, 2020), for more examples and discussion of the psychology literature.

3. Trif Alatzas, "Coke's Price Gouging," *Baltimore Sun*, October 12, 2018.

4. Paul Seabright, *The Company of Strangers: A Natural History of Economic Life* (Princeton, NJ: Princeton University Press, 2010), chap. 1.

5. See, for example, George A. Akerlof and Rachel E. Kranton, "Economics and Identity," *Quarterly Journal of Economics* 115, no. 3 (2000): 715–53; Roland Bénabou and Jean Tirole, "Incentives and Prosocial Behavior," *American Economic Review* 96, no. 5 (2006): 1652–78.

6. Daniel Pink, *Drive: The Surprising Truth about What Motivates Us* (New York: Riverhead, 2009), back cover.

第一部分　信号如何赢得市场

1. Linda Ghent, Alan Grant, and George Lesica, "The Deal," *The Economics of Seinfeld*, 2010, http://yadayadayadaecon.com/.

第一章　可靠的信号

1. Henry Farrell, "With Your Tattoos and Topknots, Who Do You Think You Are?," *Washington Post*, July 28, 2015, https://www.washingtonpost.com/news/monkey-cage/wp/2015/07/28/with-your-tattoos-and-topknots-who-do-you-think-you-are/.

2. Michael Spence, "Job Market Signaling," *Quarterly Journal of Economics* 87 (1973): 355–74.

第二章　丰田如何赢得混合动力汽车市场

1. Alternative Fuels Data Center, "U.S. HEV Sales by Model," accessed December 2, 2020, https://www.afdc.energy.gov/data/10301.

2. Micheline Maynard, "Say 'Hybrid' and Many People Will Hear 'Prius,'" *New York Times*, July 4, 2007, https://www.nytimes.com/2007/07/04/business/04hybrid.html.

3. Robert J. Samuelson, "Prius Politics," *Washington Post*, July 25, 2007, https://www.washingtonpost.com/wp-dyn/content/article/2007/07/24/AR2007072401855.html.

第三章　这就是我：自我信号的价值

1. Ayelet Gneezy, Uri Gneezy, Gerhard Riener, and Leif D. Nelson, "Pay-What-You-Want, Identity, and Self-Signaling in Markets," *Proceedings of the National Academy of Sciences* 109, no. 19 (2012): 7236–40.

2. Eric Garland, "The 'In Rainbows' Experiment: Did It Work?," NPR, November 17, 2009, https://www.npr.org/sections/monitormix/2009/11/the_in_rainbows_experiment_did.html.

3. Brad VanAuken, "Toyota Prius—Vehicular Self-Expression," *Branding Strategy Insider*, July 10, 2007, https://www.brandingstrategyinsider.com/toyota-prius-ve/.

4. Robert Slonim, Carmen Wang, and Ellen Garbarino, "The Market for Blood," *Journal of Economic Perspectives* 28, no. 2 (2014): 177–96.

5. Dan Tracy, "Blood Is Big Business: Why Does It Cost So Much?," *Orlando Sentinel*, April 5, 2010.

6. Richard Titmuss, *The Gift Relationship: From Human Blood to Social Policy* (London: Allen and Unwin, 1970).

7. Timothy C. Bednall and Liliana L Bove, "Donating Blood: A Meta-Analytic Review of Self-Reported Motivators and Deterrents," *Transfusion Medicine Reviews* 25, no. 4 (2011): 317–34.

8. Robert Slonim, Carmen Wang, and Ellen Garbarino, "The Market for Blood," *Journal of Economic Perspectives* 28, no. 2 (2014): 177–96.

9. Nicola Lacetera and Mario Macis, "Social Image Concerns and Prosocial Behavior: Field Evidence from a Nonlinear Incentive Scheme," *Journal of Economic Behavior and Organization* 76, no. 2 (2010): 225–37.

10. Robert Slonim, Carmen Wang, Ellen Garbarino, and Danielle Merrett, "Opting-In: Participation Bias in Economic Experiments," *Journal of Economic Behavior & Organization* 90 (2013): 43–70.

11. Alois Stutzer, Lorenz Goette, and Michael Zehnder, "Active Decisions and Prosocial Behaviour: A Field Experiment on Blood Donation," *Economic Journal* 121 (2011): F476–F493.

第二部分　避免混合信号

1. Bengt Holmstrom and Paul Milgrom, "Multitask Principal-Agent Analyses: Incentive Contracts, Asset Ownership, and Job Design," *Journal of Law, Economics, & Organization* 7 (1991): 24–52.

第四章　多即少：以质量为代价激励数量

1. Linda Hall Library, "The Pacific Railway, A Brief History of the Pacific Railway," The Transcontinental Railroad, 2012, https://railroad.lindahall.org/essays/brief-history.html. If you want to learn more about Durant and his masterful methods of cheating with incentives, I strongly recommend AMC's Hell on Wheels TV series.

2. James D. Gwartney, *Common Sense Economics: What Everyone Should Know about Wealth and Prosperity* (New York: St. Martin's, 2016).

3. Austan Goolsbee, "Buses That Run on Time," *Slate*, March 16, 2006, https://slate.com/business/2006/03/buses-that-run-on-time.html.

4. Ryan M. Johnson, David H. Reiley, and Juan Carlos Muñoz, "'The War for the Fare': How Driver Compensation Affects Bus System Performance," *Economic Inquiry* 53, no. 3 (2015): 1401–19.

5. Nicole Tam, "A Millennial Investigates: Why Would Anyone Take a Taxi Instead of Uber or Lyft?," *Hawaii Business Magazine*, March 8, 2019, https://www.hawaiibusiness.com/a-millennial-investigates-why-would-anyone-take-a-taxi-instead-of-uber-or-lyft/.

6. Scott Wallsten, "Has Uber Forced Taxi Drivers to Step Up Their Game?," *Atlantic*, July 24, 2015, https://www.theatlantic.com/business/archive/2015/07/uber-taxi-drivers-complaints-chicago-newyork/397931/.

7. Alice Park, "Your Doctor Likely Orders More Tests than You Actually Need," *Time*, March 24, 2015, https://time.com/3754900/doctors-unnecessary-tests/.

8. Robert A. Berenson and Eugene C. Rich, "US Approaches to Physician Payment: The Deconstruction of Primary Care," *Journal of General Internal Medicine* 25, no. 6 (2010): 613–18.

9. Marshall Allen, "Unnecessary Medical Care: More Common than You Might Imagine," NPR, February 1, 2018, https://www.npr.org/sections/health shots/2018/02/01/582216198/unnecessary-medical-care-more-common-than-you-might-imagine.

10. Peter G. Peterson Foundation, "How Does the U.S. Healthcare System Compare to Other Countries?," July 14, 2020, https://www.pgpf.org/blog/2020/07/how-does-the-us-healthcare-system-compare-to-other-countries.

11. Lorie Konish, "This Is the Real Reason Most Americans File for Bankruptcy," CNBC, February 11, 2019, https://www.cnbc.com/2019/02/11/this-is-the-real-reason-most-americans-file-for-bankruptcy.html.

12. Kristen Fischer, "There Are Some Benefits to C-Sections, Researchers Say," *Healthline*, April 5, 2019, https://www.healthline.com/health-news/some-benefits-to-c-sections-researchers-say.

13. Emily Oster and W. Spencer McClelland, "Why the C-Section Rate Is So High," *Atlantic*, October 17, 2019, https://www.theatlantic.com/ideas/archive/2019/10/c-section-rate-high/600172/.

14. Shankar Vedantam, "Money May Be Motivating Doctors to Do More C-Sections," NPR, August 30, 2013, https://www.npr.org/sections/health-shots/2013/08/30/216479305/money-may-be-motivating-doctors-to-do-more-c-sections.

15. Jonathan Gruber and Maria Owings, "Physician Financial Incentives and Cesarean Section Delivery," *RAND Journal of Economics* 27, no. 1 (1996): 99–123.

16. Scott Hensley, "About a Third of Births, Even for First-Time Moms, Are Now by Cesarean," NPR, August 31, 2010, https://www.npr.org/sections/health-shots/2010/08/31/129552505/cesarean-sections-stay-popular/.

17. Erin M. Johnson and M. Marit Rehavi, "Physicians Treating Physicians: Information and Incentives in Childbirth," *American Economic Journal: Economic Policy* 8, no. 1 (2016): 115–41.

18. Joshua T. Cohen, Peter J. Neumann, and Milton C. Weinstein, "Does Preventive Care Save Money? Health Economics and the Presidential Candidates," *New England Journal of Medicine* 358, no. 7 (2008): 661–63.

19. Centers for Disease Control and Prevention, "Up to 40 Percent of Annual Deaths from Each of Five Leading US Causes Are Preventable," December 9, 2020, https://www.cdc.gov/media/releases/2014/p0501-preventable-deaths.html.

20. Shankar Vedantam, "Host, Hidden Brain," NPR, December 3, 2020, https://www.npr.org/people/137765146/shankar-vedantam. The book is Vivian Lee, *The Long Fix: Solving America's Health Care Crisis with Strategies That Work for Everyone* (New York: Norton, 2020).

21. Michael Hewak and Adam Kovacs-Litman, "Physician Compensation Structures and How They Incentivize Specific Patient Care Behaviour," *University of Western Ontario Medical Journal* 84, no. 1 (2015): 15–17.

22. NEJM Catalyst, "What Is Pay for Performance in Healthcare?," March 1, 2018, https://catalyst.nejm.org/doi/full/10.1056/CAT.18.0245.

23. Joshua Gans, "Episode 205: Allowance, Taxes and Potty Training," *Planet Money*, NPR, July 6, 2012, https://www.npr.org/sections/money/2012/07/06/156391538/episode-205-allowance-taxes-and-potty-training.

第五章　鼓励创新，却惩罚失败

1. Moral Stories, "Learning from Mistakes," October 8, 2019, https://www.moralstories.org/learning-from-mistakes/.

2. Franklin Institute, "Edison's Lightbulb," May 19, 2017, https://www.fi.edu/history-resources/edisons-lightbulb.

3. Dean Keith Simonton, *Origins of Genius* (Oxford: Oxford University Press, 1999).

4. Bob Sutton, "Why Rewarding People for Failure Makes Sense: Paying 'Kill Fees' for

Bad Projects," *Bob Sutton Work Matters* (blog), October 4, 2007, https://bobsutton.typepad.com/my_weblog/2007/10/why-rewarding-p.html.

5. Arlene Weintraub, "Is Merck's Medicine Working?," *Bloomberg*, July 30, 2007, https://www.bloomberg.com/news/articles/2007-07-29/is-mercks-medicine-working.

6. Astro Teller, "The Unexpected Benefit of Celebrating Failure," TED, 2016, https://www.ted.com/talks/astro_teller_the_unexpected_benefit_of_celebrating_failure?language=en.

7. Rita Gunther McGrath, "Failure Is a Gold Mine for India's Tata," *Harvard Business Review*, April 11, 2011, https://hbr.org/2011/04/failure-is-a-gold-mine-for-ind.

8. Ben Unglesbee, "A Timeline of Blockbuster's Ride from Megahit to Flop," *Retail Dive*, October 7, 2019, https://www.retaildive.com/news/a-timeline-of-blockbusters-ride-from-megahit-to-flop/564305/.

9. Andy Ash, "The Rise and Fall of Blockbuster and How It's Surviving with Just One Store Left," *Business Insider*, August 12, 2020, https://www.businessinsider.com/the-rise-and-fall-of-blockbuster-video-streaming-2020-1.

10. Greg Satell, "A Look Back at Why Blockbuster Really Failed and Why It Didn't Have To," *Forbes*, September 21, 2014, https://www.forbes.com/sites/gregsatell/2014/09/05/a-look-back-at-why-blockbuster-really-failed-and-why-it-didnt-have-to/.

11. "Timeline of Netflix," Wikipedia, accessed April 23, 2022, https://en.wikipedia.org/wiki/Timeline_of_Netflix.

12. "Richard Branson," Wikipedia, accessed November 30, 2020, https://en.wikipedia.org/wiki/Richard_Branson.

13. Catherine Clifford, "What Richard Branson Learned When Coke Put Virgin Cola out of Business," CNBC, February 7, 2017, https://www.cnbc.com/2017/02/07/what-richard-branson-learned-when-coke-put-virgin-cola-out-of-business.html.

14. "14 Virgin Companies That Even Richard Branson Could Not Stop Going Bust," *Business Insider*, May 31, 2016, https://www.businessinsider.com/richard-branson-fails-virgin-companies-that-went-bust-2016-5.

第六章　鼓励长期目标，却奖励短期成果

1. Newman Ferrara LLP, "Corporate Governance Expert Tackles Acquisition Violation," December 22, 2014, https://www.nyrealestatelawblog.com/manhattan-litigation-blog/2014/december/professor-kicks-bazaarvoices-butt/.

2. Office of Public Affairs, US Department of Justice, "Justice Department Files Antitrust Lawsuit against Bazaarvoice Inc. Regarding the Company's Acquisition of PowerReviews Inc.," January 10, 2013, https://www.justice.gov/opa/pr/justice-department-files-antitrust-lawsuit-against-bazaarvoice-inc-regarding-company-s.

3. Tomislav Ladika and Zacharias Sautner, "Managerial Short-Termism and Investment: Evidence from Accelerated Option Vesting," Harvard Law School Forum on Corporate

Governance, July 17, 2019, https://corpgov.law.harvard.edu/2019/07/17/managerial-short-termism-and-investment-evidence-from-accelerated-option-vesting/.

4. Alex Edmans, Vivian W. Fang, and Katharina A. Lewellen, "Equity Vesting and Investment," *Review of Financial Studies* 30, no. 7 (2017): 2229–71.

5. Lucian Bebchuk and Jesse Fried, *Pay without Performance: The Unfulfilled Promise of Executive Compensation* (Cambridge, MA: Harvard University Press, 2004); Lucian A. Bebchuk and Jesse M. Fried, "Paying for Long-Term Performance," *University of Pennsylvania Law Review* 158 (2010): 1915–59.

6. Caroline Banton, "Escrow," Investopedia, March 9, 2021, https://www.investopedia.com/terms/e/escrow.asp.

7. Glenn Davis and Ken Bertsch, "Policy Overhaul—Executive Compensation," Harvard Law School Forum on Corporate Governance, November 30, 2019, https://corpgov.law.harvard.edu/2019/11/30/policy-overhaul-executive-compensation/.

8. Ellen R. Delisio, "Pay for Performance: What Are the Issues?," *Education World*, accessed April 23, 2022, https://www.educationworld.com/a_issues/issues/issues374a.shtml.

9. Elaine McArdle, "Right on the Money," Harvard Graduate School of Education, 2010, https://www.gse.harvard.edu/news/ed/10/01/right-money.

10. Robin Chait and Raegen Miller, "Getting the Facts Straight on the Teacher Incentive Fund," Center for American Progress, June 13, 2009, https://www.americanprogress.org/issues/education-k-12/reports/2009/07/13/6390/getting-the-facts-straight-on-the-teacher-incentive-fund/.

11. US Department of Education, "Teacher Incentive Fund," September 27, 2016, https://www2.ed.gov/programs/teacherincentive/funding.html.

12. "No Child Left Behind Act," Wikipedia, accessed December 4, 2020, https://en.wikipedia.org/wiki/No_Child_Left_Behind_Act.

13. Rachel Tustin, "I'm a Teacher and Here's My Honest Opinion on Standardized Tests," Study.com, November 2017, https://study.com/blog/i-m-a-teacher-and-here-s-my-honest-opinion-on-standardized-tests.html.

14. Diane Stark Rentner, Nancy Kober, and Matthew Frizzell, "Listen to Us: Teacher Views and Voices," Center on Education Policy, May 5, 2016, https://www.cep-dc.org/displayDocument.cfm?DocumentID=1456.

15. PBS, "Finland: What's the Secret to Its Success?," *Where We Stand* (blog), September 5, 2008, https://www.pbs.org/wnet/wherewestand/blog/globalization-finland-whats-the-secret-to-its-success/206/.

16. Uri Gneezy and John List, *The Why Axis: Hidden Motives and the Undiscovered Economics of Everyday Life* (New York: Public Affairs, 2013).

第七章　鼓励团队合作，却激励个人成功

1. Bill Taylor, "Great People Are Overrated," *Harvard Business Review*, June 20, 2011, https://hbr.org/2011/06/great-people-are-overrated.

2. "Tom Brady," Wikipedia, accessed April 23, 2022, https://en.wikipedia.org/wiki/Tom_Brady.

3. Greig Finlay, "Why Did Tom Brady Leave New England Patriots? Move to Tampa Bay Buccaneers Explained after Super Bowl 2021 Victory," *Scotsman*, February 8, 2021, https://www.scotsman.com/sport/other-sport/why-did-tom-brady-leave-new-england-patriots-move-tampa-bay-buccaneers-explained-after-super-bowl-2021-victory-3127497.

4. FC Barcelona, "Lionel Messi," accessed December 4, 2020, https://www.fcbarcelona.com/en/players/4974.

5. Marcel Desailly, "Messi's in a Mess and Doesn't Seem to Fit into the Argentina Collective," *Guardian*, June 28, 2018, https://www.theguardian.com/football/blog/2018/jun/28/lionel-messi-argentina-france-world-cup.

6. Rory Marsden, "Lionel Messi Has 'Different Attitude' with Argentina, Says Daniel Passarella," *Bleacher Report*, March 25, 2019, https://bleacherreport.com/articles/2827673?fb_comment_id=2244994605562520_2246297898765524.

7. Hayley Peterson, "A War Is Breaking Out between McDonald's, Burger King, and Wendy's—and That's Great News for Consumers," *Business Insider*, October 15, 2015, https://www.businessinsider.in/A-war-is-breaking-out-between-McDonalds-Burger-King-and-Wendys-and-thats-great-news-for-consumers/articleshow/49387367.cms.

8. Gary Bornstein and Uri Gneezy, "Price Competition between Teams," *Experimental Economics* 5 (2002): 29–38.

9. Reuben Pinder, "Paul Pogba and Alexis Sánchez's Goal Bonuses Have Caused Dressing Room Row at Manchester United," *JOE*, May 12, 2019, https://www.joe.co.uk/sport/paul-pogba-alexis-sanchez-goal-bonus-row-231299.

10. Joe Morphet, "Premier League Players' Jaw-Dropping Bonuses Revealed," *BeSoccer*, May 12, 2018, https://www.besoccer.com/new/premier-league-players-jaw-dropping-bonuses-revealed-426953.

11. Ken Lawrence, "Sanchez and Pogba at Heart of Man Utd Rift over Lucrative Goal Bonuses," *Sun*, May 11, 2019, https://www.thesun.co.uk/sport/football/9054278/sanchez-pogba-man-utd-goal-bonus-rift/.

12. Morphet, "Premier League Players' Jaw-Dropping Bonuses Revealed."

13. Joe Prince-Wright, "How Much? Zlatan's Goal Bonus Reportedly Leaked," *NBC Sports*, May 10, 2017, https://soccer.nbcsports.com/2017/05/10/how-much-zlatans-goal-bonus-reportedly-leaked/.

14. Michael Reis, "Next Time Firmino Scores He Receives £45000. From 11th Goal on £65000, from 16th £85000," Twitter, December 10, 2016, https://twitter.com/donreisino/status/807590847680233474?s=20.

15. Josh Lawless, "Roberto Firmino's Incredible Bonuses Have Been Revealed," *Sport Bible*, June 6, 2017, https://www.sportbible.com/football/news-roberto-firminos-incredible-bonuses-have-been-revealed-20170511.

16. Grant Wahl, "How Do MLS Financial Bonuses Work? A Look at One Player's Contract," *Sports Illustrated*, November 23, 2015, https://www.si.com/soccer/2015/11/23/mls-player-contract-bonuses.

17. Zach Links, "PFR Glossary: Contract Incentives," *Pro Football Rumors*, June 19, 2018, https://www.profootballrumors.com/2018/06/nfl-contract-incentives-football.

18. Mark Graban, "Individual NFL Player Incentives—Why Are They Necessary? Do They Distort the Game?," *Lean Blog*, January 2, 2011, https://www.leanblog.org/2011/01/individual-nfl-player-incentives-why-are-they-necessary-do-they-distort-the-game/.

19. "Terrell Suggs," Wikipedia, accessed December 4, 2020, https://en.wikipedia.org/wiki/Terrell_Suggs.

20. NFL, "2019 Performance-Based Pay Distributions Announced," 2019, https://nflcommunications.com/Pages/2019-PERFORMANCE-BASED-PAY-DISTRIBUTIONS-ANNOUNCED--.aspx.

第八章　风险与错误

1. Bethany McLean, "How Wells Fargo's Cutthroat Corporate Culture Allegedly Drove Bankers to Fraud," *Vanity Fair*, May 31, 2017, https://www.vanityfair.com/news/2017/05/wells-fargo-corporate-culture-fraud.

2. Jackie Wattles, Ben Geier, Matt Egan, and Danielle Wiener-Bronner, "Wells Fargo's 20-Month Nightmare," *CNN Money*, April 24, 2018, https://money.cnn.com/2018/04/24/news/companies/wells-fargo-timeline-shareholders/index.html.

3. Matt Egan, "Wells Fargo Admits to Signs of Worker Retaliation," *CNN Money*, January 23, 2017, https://money.cnn.com/2017/01/23/investing/wells-fargo-retaliation-ethics-line/index.html?iid=EL.

4. Uri Gneezy and Aldo Rustichini, "A Fine Is a Price," *Journal of Legal Studies* 29, no. 1 (2000): 1–17.

5. "Fining Parents 'Has No Effect on School Absence in Wales,'" *BBC News*, May 10, 2018, https://www.bbc.com/news/uk-wales-44054574.

6. Cecile Meier, "Mum Charged $55 for Being One Minute Late for Daycare Pickup." *Essential Baby*, August 2, 2018, http://www.essentialbaby.com.au/toddler/childcare/mum-charged-55-for-being-one-minute-late-for-daycare-pickup-20180801-h13ewo.

7. Sam Peltzman, "The Effects of Automobile Safety Regulation," *Journal of Political Economy* 83, no. 4 (1975): 677–725. Critical analysis found that Peltzman's model was wrong on many dimensions. A recent *Slate* article connects the concept to safety measures used during COVID-19. The bottom line: People do take more risks once safety measures are introduced, but this psychological impact is smaller than the technological improvement in safety. Tim Requarth, "Our Worst Idea about Safety.'" *Slate*, November 7, 2021.

8. Steven E. Landsburg, *The Armchair Economist* (New York: Macmillan, 1993).

9. Shay Maunz, "The Great Hanoi Rat Massacre of 1902 Did Not Go as Planned," *Atlas Obscura*, June 6, 2017, https://www.atlasobscura.com/articles/hanoi-rat-massacre-1902.

10. Michael Vann, "Of Rats, Rice, and Race: The Great Hanoi Rat Massacre, an Episode in French Colonial History," *French Colonial History* 4 (2003): 191–204. The Great Hanoi Rat Massacre, as it is now commonly referred to, is not unique in nature. Similar incidents have happened elsewhere. The British governor of Delhi in colonial India, for example, incentivized the killing of cobras, and local entrepreneurs reacted by creating cobra farms. See "The Cobra Effect," episode 96, *Freakonomics* (podcast), October 11, 2012, https://freakonomics.com/podcast/the-cobra-effect-2/.

11. "Puglia's Trulli," *The Thinking Traveller*, accessed December 4, 2020, https://www.thethinkingtraveller.com/italy/puglia/trulli.

12. Tony Traficante, "The Amazing 'Trulli,'" Italian Sons and Daughters of America, March 21, 2017, https://orderisda.org/culture/travel/the-amazing-trulli/.

13. Alex A., "Trulli: The Unique Stone Huts of Apulia," *Vintage News*, January 14, 2018, https://www.thevintagenews.com/2018/01/04/trulli-apulia/.

14. Italian Tourism, "The History of Alberobello's Trulli," accessed December 4, 2020, http://www.italia.it/en/discover-italy/apulia/poi/the-history-of-alberobellos-trulli.html.

15. UK Parliament, "Window Tax," accessed December 4, 2020, https://www.parliament.uk/about/living-heritage/transformingsociety/towncountry/towns/tyne-and-wear-case-study/about-the-group/housing/window-tax/; "Window Tax," Wikipedia.org.

16. "When Letting in Sunshine Could Cost You Money," *History House*, accessed December 4, 2020, https://historyhouse.co.uk/articles/window_tax.html.

17. Wallace E. Oates and Robert M. Schwab, "The Window Tax: A Case Study in Excess Burden," *Journal of Economic Perspectives* 29, no. 1 (2015): 163–80.

18. Tom Coggins, "A Brief History of Amsterdam's Narrow Canal Houses," *The Culture Trip*, December 7, 2016, Theculturetrip.com.

19. Karen Kingston, "Why Dutch Stairs Are So Steep," *Karen Kingston's Blog*, August 15, 2013, https://www.karenkingston.com/blog/why-dutch-stairs-are-so-steep/.

20. Nanlan Wu, "The Xiaogang Village Story," China.org.cn, March 6, 2008, http://www.china.org.cn/china/features/content_11778487.htm.

第九章　心理账户：选择激励的货币

1. Teke Wiggin, "Redfin CEO Glenn Kelman: Low Commission Fees Aren't 'Rational,'" Inman, June 30, 2015, https://www.inman.com/2015/06/30/redfin-ceo-glenn-kelman-low-commission-fees-arent-rational/.

2. Richard Thaler, "Transaction Utility Theory," *Advances in Consumer Research* 10 (1983): 229–32.

3. Richard Thaler, "Mental Accounting Matters," *Journal of Behavioral Decision Making*

12 (1999): 183–206.

4. Johannes Abeler and Felix Marklein, "Fungibility, Labels, and Consumption," *Journal of the European Economic Association* 15, no. 1 (2017): 99–127.

5. Uri Gneezy, Teck-Hua Ho, Marcel Bilger, and Eric A. Finkelstein, "Mental Accounting, Targeted Incentives, and the Non-fungibility of Incentives" (unpublished paper, 2019).

6. Roland Fryer, Steven D. Levitt, John List, and Sally Sadoff, "Enhancing the Efficacy of Teacher Incentives through Loss Aversion: A Field Experiment" (NBER Working Paper 18237, National Bureau of Economic Research, 2012).

7. The students were tested with the ThinkLink Predictive Assessment, a standardized diagnostic tool that is aligned with state achievement tests.

8. Daniel Kahneman and Amos Tversky, "Prospect Theory: An Analysis of Decision under Risk," *Econometrica* 47, no. 2 (1979): 263–91; Amos Tversky and Daniel Kahneman, "Loss Aversion in Riskless Choice: A Reference-Dependent Model," *Quarterly Journal of Economics* 106, no. 4 (1991): 1039–61.

9. Tanjim Hossain and John A. List, "The Behavioralist Visits the Factory: Increasing Productivity Using Simple Framing Manipulations," *Management Science* 58 (2012): 2151–67.

第十章　利用后悔实施激励

1. S. Lock, "Sales of State Lotteries in the U.S. 2009–2019," Statista, March 31, 2020, https://www.statista.com/statistics/215265/sales-of-us-state-and-provincial-lotteries/.

2. Daniel Kahneman and Amos Tversky, "Prospect Theory: An Analysis of Decision Making under Risk," *Econometrica* 47 (1979): 263–91.

3. Marcel Zeelenberg and Rik Pieters, "Consequences of Regret Aversion in Real Life: The Case of the Dutch Postcode Lottery," *Organizational Behavior and Human Decision Processes* 93, no. 2 (2004): 155–68.

4. Zeelenberg and Pieters.

5. Eric Van Dijk and Marcel Zeelenberg, "On the Psychology of 'If Only': Regret and the Comparison between Factual and Counterfactual Outcomes," *Organizational Behavior and Human Decision Processes* 97, no. 2 (2005): 152–60.

6. Linda L. Golden, Thomas W. Anderson, and Louis K. Sharpe, "The Effects of Salutation, Monetary Incentive, and Degree of Urbanization on Mail Questionnaire Response Rate, Speed, and Quality," in *Advances in Consumer Research*, vol. 8, ed. Kent S. Monroe (Ann Arbor, MI: Association for Consumer Research, 1980), 292–98; James R. Rudd and E. Scott Geller, "A University-based Incentive Program to Increase Safety Belt Use: Toward Cost-Effective Institutionalization," *Journal of Applied Behavior Analysis* 18, no. 3 (1985): 215–26.

7. Kevin G. Volpp, George Loewenstein, Andrea B. Troxel, Jalpa Doshi, Maureen Price, Mitchell Laskin, and Stephen E Kimmel, "A Test of Financial Incentives to Improve Warfarin Adherence," *BMC Health Services Research* 8 (2008): 272.

第十一章　亲社会激励

1. Uri Gneezy and Aldo Rustichini, "Pay Enough or Don't Pay at All," *Quarterly Journal of Economics* 115, no. 3 (2000): 791–810.

2. Ron Roy, "Volunteer Firefighters: Why We Do What We Do," *Fire Engineering*, January 23, 2020, https://www.fireengineering.com/2020/01/23/483462/volunteer-firefighters-why-we-do-what-we-do/.

3. Ben Evarts and Gary P. Stein, "NFPA's 'U.S. Fire Department Profile,'" NFPA, February 2020, https://www.nfpa.org/News-and-Research/Data-research-and-tools/Emergency-Responders/US-fire-department-profile.

4. "Volunteer Fire Department," Wikipedia, accessed December 8, 2020, https://en.wikipedia.org/wiki/Volunteer_fire_department.

5. Alex Imas, "Working for the 'Warm Glow': On the Benefits and Limits of Prosocial Incentives," *Journal of Public Economics* 114 (2014): 14–18.

6. Stephanie Clifford, "Would You Like a Smile with That?," *New York Times*, August 6, 2011, https://www.nytimes.com/2011/08/07/business/pret-a-manger-with-new-fast-food-ideas-gains-a-foothold-in-united-states.html?pagewanted=all.

第十二章　作为信号的奖励

1. Eulalie McDowell, "Medal of Honor Winner Says Feat Was Miracle," *Knoxville News-Sentinel*, October 12, 1945, accessed at https://www.newspapers.com/clip/40200051/the-knoxville-news-sentinel/.

2. Erin Kelly, "The True Story of WWII Medic Desmond Doss Was Too Heroic Even for 'Hacksaw Ridge,'" *All That's Interesting*, September 20, 2017, https://allthatsinteresting.com/desmond-doss.

3. Kelly.

4. Uri Gneezy, Sandy Campbell, and Jana Gallus, "Tangibility, Self-Signaling and Signaling to Others" (unpublished paper, 2022).

5. Matt Straz, "4 Ways Innovative Companies Are Celebrating Their Employees," *Entrepreneur*, August 17, 2015, https://www.entrepreneur.com/article/249460.

6. "Navy Cross," Wikipedia, accessed December 5, 2020, https://en.wikipedia.org/wiki/Navy_Cross.

7. Tom Vanden Brook, "Almost 20% of Top Medals Awarded Secretly since 9/11," *USA Today*, February 29, 2016, https://www.usatoday.com/story/news/nation/2016/02/29/almost-20-top-medals-awarded-secretly-since-911/81119316/.

8. Lin Edwards, "Report Claims Wikipedia Losing Editors in Droves." Phys.org, November 30, 2009, https://phys.org/news/2009-11-wikipedia-editors-droves.html.

9. "Wikipedia: Awards," Wikipedia, accessed December 9, 2020, https://en.wikipedia.org/wiki/Wikipedia:Awards.

10. Jana Gallus, "Fostering Public Good Contributions with Symbolic Awards: A Large-Scale Natural Field Experiment at Wikipedia," *Management Science* 63, no. 12 (2017):

3999–4015.

11. "Top Five Most Difficult Sports Trophies to Win," CBS Miami, July 1, 2014, https://miami.cbslocal.com/2014/07/01/top-five-most-difficult-sports-trophies-to-win/.

12. Carly D. Robinson, Jana Gallus, and Todd Rogers, "The Demotivating Effect (and Unintended Message) of Awards," *Organizational Behavior and Human Decision Processes*, May 29, 2019.

13. Melia Robinson, "The Unbelievable Story of Why Marlon Brando Rejected His 1973 Oscar for 'The Godfather,'" *Business Insider*, February 24, 2017, https://www.businessinsider.com/marlon-brando-rejected-godfather-oscar-2017-2.

14. Oscars, "Marlon Brando's Oscar Win for 'The Godfather,'" YouTube, October 2, 2008, https://www.youtube.com/watch?v=2QUacUoI4yU&ab_channel=Oscars.

15. "Sacheen Littlefeather," Wikipedia, accessed December 5, 2020, https://en.wikipedia.org/wiki/Sacheen_Littlefeather.

16. Becky Little, "Academy Award Winners Who Rejected Their Oscars," History, February 26, 2018, https://www.history.com/news/brando-oscar-protest-sacheen-littlefeather-academy-award-refusal.

17. Gallus, "Fostering Public Good Contributions."

18. Golden Globes, "The Cecil B. DeMille Award," accessed December 5, 2020, https://www.goldenglobes.com/cecil-b-demille-award-0.

19. Zainab Akande, "Denzel Washington So Earned the DeMille Award," *Bustle*, December 10, 2015, https://www.bustle.com/articles/128808-who-is-the-2016-cecil-b-demille-award-winner-this-years-winner-completely-deserves-the-honor.

20. Meena Jang, "Golden Globes: Denzel Washington Accepts Cecil B. DeMille Award," *Hollywood Reporter*, January 10, 2016, https://www.hollywoodreporter.com/news/golden-globes-2016-denzel-washington-853375.

21. Tom Shone, "The Golden Globes Are More Fun than the Oscars—and They Pick Better Winners, Too," *Slate*, January 13, 2012, https://slate.com/culture/2012/01/golden-globes-better-than-the-oscars.html.

第四部分　利用激励识别问题

1. Jessica Firger, "12 Million Americans Misdiagnosed Each Year," CBS News, April 17, 2014, https://www.cbsnews.com/news/12-million-americans-misdiagnosed-each-year-study-says/.

第十三章　美国学生的成绩真有那么差吗？

1. "Effort, Not Ability, May Explain the Gap between American and Chinese Pupils," *Economist*, August 17, 2017, https://www.economist.com/news/united-states/21726745-when-greenbacks-are-offer-american-schoolchildren-seem-try-harder-effort-not.

2. National Center for Education Statistics, "Program for International Student Assessment (PISA)—Overview," accessed December 5, 2020, https://nces.ed.gov/surveys/pisa/

index.asp.

3. Organisation for Economic Co-operation and Development, "PISA 2015 Results in Focus," 2018, https://www.oecd.org/pisa/pisa-2015-results-in-focus.pdf.

4. Sotiria Grek, "Governing by Numbers: The PISA 'Effect' in Europe," *Journal of Education Policy* 24 (2009): 23–37.

5. Organisation for Economic Co-operation and Development, "PISA 2012 Results: What Students Know and Can Do, Student Performance in Mathematics, Reading and Science, Volume I," 2014, https://www.oecd.org/pisa/keyfindings/pisa-2012-results-volume-I.pdf.

6. Sam Dillon, "Top Test Scores from Shanghai Stun Educators," *New York Times*, December 7, 2010, https://www.nytimes.com/2010/12/07/education/07education.html.

7. Martin Carnoy and Richard Rothstein, "What Do International Tests Really Show about U.S. Student Performance?," Economic Policy Institute, January 28, 2013, https://www.epi.org/publication/us-student-performance-testing/; Harold W. Stevenson and James W. Stigler, *The Learning Gap: Why Our Schools Are Failing and What We Can Learn from Japanese and Chinese Education* (New York: Summit Books, 1992); Eric A. Hanushek and Ludger Woessmann, "How Much Do Educational Outcomes Matter in OECD Countries?," *Economic Policy* 26, no. 67 (2011): 427–91.

8. Uri Gneezy, John A. List, Jeffrey A. Livingston, Xiangdong Qin, Sally Sadoff, and Yang Xu, "Measuring Success in Education: The Role of Effort on the Test Itself," *American Economic Review: Insights* 1, no. 3 (2019): 291–308.

9. Ben Leubsdorf, "Maybe American Students Are Bad at Standardized Tests Because They Don't Try Very Hard," *Wall Street Journal*, November 27, 2017, https://blogs.wsj.com/economics/2017/11/27/maybe-american-students-are-bad-at-standardized-tests-because-they-dont-try-very-hard/.

第十四章　间接费用厌恶：非营利组织的坏名声从何而来？

1. National Philanthropic Trust, "Charitable Giving Statistics," accessed December 5, 2020, https://www.nptrust.org/philanthropic-resources/charitable-giving-statistics/.

2. Dan Pallotta, "The Way We Think about Charity Is Dead Wrong," TED, March 2013, https://www.ted.com/talks/dan_pallotta_the_way_we_think_about_charity_is_dead_wrong.

3. Jonathan Baron and Ewa Szymanska, "Heuristics and Biases in Charity," in *The Science of Giving: Experimental Approaches to the Study of Charity*, ed. Daniel M. Oppenheimer and Christopher Y. Olivola (New York: Psychology Press, 2011), 215–36; Lucius Caviola, Nadira Faulmüller, Jim A. C. Everett, Julian Savulescu, and Guy Kahane, "The Evaluability Bias in Charitable Giving: Saving Administration Costs or Saving Lives," *Judgment and Decision Making* 9 (2014): 303–16.

4. Uri Gneezy, Elizabeth A. Keenan, and Ayelet Gneezy, "Avoiding Overhead Aversion in Charity," *Science* 346, no. 6209 (2014): 632–35.

5. Lise Vesterlund, "Why Do People Give?," in *The Nonprofit Sector: A Research Handbook*,

2nd ed., ed. Walter W. Powell and Richard Steinberg (New Haven, CT: Yale University Press, 2006), 568–88.

6. Aleron, "Why Charities Should Look at New Ways of Measuring Impact," 2013, https://aleronpartners.com/why-charities-should-look-at-new-ways-of-measuring-impact/.

7. charity:water, "The 100% Model: Charity: Water," accessed December 9, 2020, https://www.charitywater.org/our-approach/100-percent-model.

第十五章 "有偿离职"策略：用钱让员工表态

1. Jim Edwards, "This Company Pays Employees $25,000 to Quit—No Strings Attached—Even If They Were Just Hired," *Business Insider*, June 20, 2014, https://www.businessinsider.com/riot-games-pays-employees-25000-to-quit-2014-6.

2. Jim Edwards, "Amazon Pays Employees Up to $5,000 to Quit," *Slate*, April 10, 2014, https://slate.com/business/2014/04/amazon-jeff-bezos-shareholder-letter-the-company-pays-workers-up-to-5000-to-quit.html.

3. Ian Ayres and Giuseppe Dari-Mattiacci, "Reactive Incentives: Harnessing the Impact of Sunk Opportunity Costs" (Columbia Law and Economics Working Paper 612, 2019).

4. Bill Taylor, "Why Zappos Pays New Employees to Quit—And You Should Too," *Harvard Business Review*, March 19, 2008, https://hbr.org/2008/05/why-zappos-pays-new-employees.

5. Christopher G. Harris, "The Effects of Pay-to-Quit Incentives on Crowdworker Task Quality," in *Proceedings of the 18th ACM Conference on Computer Supported Cooperative Work & Social Computing* (New York: Association for Computing Machinery, 2015), 1801–12.

6. Harris.

第十六章 自我欺骗：欺骗与自我信号

1. Institute of Medicine, Committee on the Learning Health Care System in America, Mark Smith, Robert Saunders, Leigh Stuckhardt, and J. Michael McGinnis, eds., *Best Care at Lower Cost: The Path to Continuously Learning Health Care in America* (Washington, DC: National Academies Press, 2013).

2. John N. Mafi, Ellen P. McCarthy, Roger B. Davis, and Bruce E. Landon, "Worsening Trends in the Management and Treatment of Back Pain," *JAMA Internal Medicine* 173, no. 17 (2013): 1573–81.

3. Colette DeJong, Thomas Aguilar, Chien-Wen Tseng, Grace A. Lin, W. John Boscardin, and R. Adam Dudley, "Pharmaceutical Industry-Sponsored Meals and Physician Prescribing Patterns for Medicare Beneficiaries," *JAMA Internal Medicine* 176, no. 8 (2016): 1114–22.

4. Rickie Houston, "Your Financial Advisor's Conflicts of Interest," *SmartAsset*, January 16, 2020, https://smartasset.com/financial-advisor/financial-advisor-conflicts-of-interest.

5. Uri Gneezy, Silvia Saccardo, Marta Serra-Garcia, and Roel van Veldhuizen, "Bribing the Self," *Games and Economic Behavior* 120 (2020): 311–24.

6. Charles Ornstein, Mike Tigas, and Ryann Grochowski Jones, "Now There's Proof: Docs Who Get Company Cash Tend to Prescribe More Brand-Name Meds," ProPublica, March 17, 2016, https://www.propublica.org/article/doctors-who-take-company-cash-tend-to-prescribe-more-brand-name-drugs.

第五部分　激励如何改变行为

1. Olivia B. Waxman, "Trying to Get in Shape in 2020? Here's the History behind the Common New Year's Resolution," *Time*, January 8, 2020, https://time.com/5753774/new-years-resolutions-exercise/.

2. Nadra Nittle, "How Gyms Convince New Members to Stay Past January," *Vox*, January 9, 2019, https://www.vox.com/the-goods/2019/1/9/18175978/planet-fitness-crunch-gyms-memberships-new-years-resolutions.

3. Stefano DellaVigna and Ulrike Malmendier, "Paying Not to Go to the Gym," *American Economic Review* 96, no. 3 (2006): 694–719.

4. See https://www.vizerapp.com/.

5. Uri Gneezy, Agne Kajackaite, and Stephan Meier, "Incentive-Based interventions," in *The Handbook of Behavior Change*, ed. Martin S. Hagger, Linda D. Cameron, Kyra Hamilton, Nelli Hankonen, and Taru Lintunen (Cambridge: Cambridge University Press, 2020), 523–36. (This article includes a more detailed discussion of the relevant literature. See also Alain Samson, ed., *The Behavioral Economics Guide 2019*, introd. Uri Gneezy (Behavioral Science Solutions, 2019), https://www.behavioraleconomics.com/the-be-guide/the-behavioral-economics-guide-2019/.

第十七章　培养习惯：积跬步以至千里

1. Gary Charness and Uri Gneezy, "Incentives to Exercise," *Econometrica* 77 (2009): 909–31.

2. Dan Acland and Matthew Levy, "Naiveté, Projection Bias, and Habit Formation in Gym Attendance," *Management Science* 61, no. 1 (2015): 146–60.

3. "Commitment Device," Wikipedia, accessed December 8, 2020, https://en.wikipedia.org/wiki/Commitment_device.

4. Heather Royer, Mark Stehr, and Justin Sydnor, "Incentives, Commitments, and Habit Formation in Exercise: Evidence from a Field Experiment with Workers at a Fortune-500 Company," *American Economic Journal: Applied Economics* 7, no. 3 (2015): 51–84.

5. Philip S. Babcock and John L. Hartman, "Networks and Workouts: Treatment Size and Status Specific Peer Effects in a Randomized Field Experiment" (NBER Working Paper 16581, National Bureau of Economic Research, 2010).

6. Simon Condliffe, Ebru Işgın, and Brynne Fitzgerald, "Get Thee to the Gym! A Field Experiment on Improving Exercise Habits," *Journal of Behavioral and Experimental Economics* 70 (2017): 23–32.

7. Wendy Wood and Dennis Rünger, "Psychology of Habit," *Annual Review of Psychology*

67 (2016): 289–314.

8. John Beshears, Hae Nim Lee, Katherine L. Milkman, Robert Mislavsky, and Jessica Wisdom, "Creating Exercise Habits Using Incentives: The Trade-Off between Flexibility and Routinization," *Management Science* 67, no. 7 (2021): 3985–4642.

第十八章　戒除恶习：甩掉不良行为

1. Centers for Disease Control and Prevention, "Tobacco-Related Mortality," accessed December 8, 2020, https://www.cdc.gov/tobacco/data_statistics/fact_sheets/health_effects/tobacco_related_mortality/index.htm.

2. Centers for Disease Control and Prevention, "Cigarette Smoking among Adults—United States, 2000," *MMWR: Morbidity and Mortality Weekly Report* 51, no. 29 (2002): 642–45; Centers for Disease Control and Prevention, "Annual Smoking-Attributable Mortality, Years of Potential Life Lost, and Productivity Losses—United States, 1997–2001," *MMWR: Morbidity and Mortality Weekly Report* 54, no. 25 (2005): 625–28.

3. Kevin G. Volpp et al., "A Randomized, Controlled Trial of Financial Incentives for Smoking Cessation," *New England Journal of Medicine* 360 (2009): 699–709.

4. John R. Hughes, Josue Keely, and Shelly Naud, "Shape of the Relapse Curve and Long-Term Abstinence among Untreated Smokers," *Addiction* 99 (2004): 29–38.

5. SRNT Subcommittee on Biochemical Verification, "Biochemical Verification of Tobacco Use and Cessation," *Nicotine & Tobacco Research* 4 (2002): 149–59.

6. Richard J. Bonnie, Kathleen R. Stratton, and Robert B. Wallace, *Ending the Tobacco Problem: A Blueprint for the Nation* (Washington DC: National Academies Press, 2007); Centers for Disease Control and Prevention, "Smoking during Pregnancy," accessed December 8, 2020, https://www.cdc.gov/tobacco/basic_information/health_effects/pregnancy/index.htm.

7. Daniel Ershoff, Trinita H. Ashford, and Robert Goldenberg, "Helping Pregnant Women Quit Smoking: An Overview," *Nicotine and Tobacco Research* 6 (2004): S101—S105; C. L. Melvin and C. A. Gaffney, "Treating Nicotine Use and Dependence of Pregnant and Parenting Smokers: An Update," *Nicotine and Tobacco Research* 6 (2004): S107—S124.

8. Carolyn Davis Cockey, "Amanda's Story," Healthy Mom & Baby, accessed December 8, 2020, https://www.health4mom.org/amandas-story/.

9. Stephen T. Higgins, Yukiko Washio, Sarah H. Heil, Laura J. Solomon, Diann E. Gaalema, Tara M. Higgins, and Ira M. Bernstein, "Financial Incentives for Smoking Cessation among Pregnant and Newly Postpartum Women," *Preventive Medicine* 55 (2012): S33–S40.

10. Xavier Giné, Dean Karlan, and Jonathan Zinman, "Put Your Money Where Your Butt Is: A Commitment Contract for Smoking Cessation," *American Economic Journal: Applied Economics* 2 (2010): 213–35.

11. Nava Ashraf, Dean Karlan, and Wesley Yin, "Tying Odysseus to the Mast: Evidence from a Commitment Savings Product in the Philippines," *Quarterly Journal of Economics* 121,

no. 2 (2006): 635–72.

12. Scott D. Halpern, Benjamin French, Dylan S. Small, Kathryn Saulsgiver, Michael Harhay, Janet Audrain-McGovern, George Loewenstein, Troyen Brennan, David Asch, and Kevin Volpp, "Randomized Trial of Four Financial-Incentive Programs for Smoking Cessation," *New England Journal of Medicine* 372, no. 22 (2015): 2108–17.

13. "Why Are 72% of Smokers from Lower-Income Communities?," Truth Initiative, January 24, 2018, https://truthinitiative.org/research-resources/targeted-communities/why-are-72-smokers-lower-income-communities.

14. Jean-François Etter and Felicia Schmid, "Effects of Large Financial Incentives for Long-Term Smoking Cessation: A Randomized Trial," *Journal of the American College of Cardiology* 68, no. 8 (2016): 777–85.

第十九章　我现在就要！

1. Katherine Milkman, Julia A. Minson, and Kevin G. M. Vlopp, "Holding the Hunger Games Hostage at the Gym: An Evaluation of Temptation Bundling," *Management Science* 60, no. 2 (2014): 283–99.

2. Daniel Read and Barbara van Leeuwen, "Predicting Hunger: The Effects of Appetite and Delay on Choice," *Organizational Behavior and Human Decision Processes* 76, no. 2 (1998): 189–205.

3. Stephan Meier and Charles Sprenger, "Present-Biased Preferences and Credit Card Borrowing," *American Economic Journal: Applied Economics* 2, no. 1 (2010): 193–210.

第二十章　消除障碍

1. Centers for Disease Control and Prevention, "Benefits of Physical Activity," accessed December 8, 2020, https://www.cdc.gov/physicalactivity/basics/pa-health/index.htm.

2. Editorial Board, "Exercise and Academic Performance," *New York Times*, May 24, 2013, https://www.nytimes.com/2013/05/25/opinion/exercise-and-academic-performance.html.

3. Alexander W. Cappelen, Gary Charness, Mathias Ekström, Uri Gneezy, and Bertil Tungodden, "Exercise Improves Academic Performance" (NHH Department of Economics Discussion Paper 08, 2017).

4. Donna De La Cruz, "Why Kids Shouldn't Sit Still in Class," *New York Times*, March 21, 2017, https://www.nytimes.com/2017/03/21/well/family/why-kids-shouldnt-sit-still-in-class.html.

5. Tatiana Homonoff, Barton Willage, and Alexander Willén, "Rebates as Incentives: The Effects of a Gym Membership Reimbursement Program," *Journal of Health Economics* 70 (2020): 102285.

6. Hunt Allcott and Todd Rogers, "The Short-Run and Long-Run Effects of Behavioral Interventions: Experimental Evidence from Energy Conservation," *American Economic Review* 104, no. 10 (2014): 3003–37.

7. Alec Brandon, Paul J. Ferraro, John A. List, Robert D. Metcalfe, Michael K. Price, and Florian Rundhammer, "Do the Effects of Social Nudges Persist? Theory and Evidence from 38 Natural Field Experiments" (NBER Working Paper 23277, National Bureau of Economic Research, 2017).

8. Thomas A. Burnham, Judy K. Frels, and Vijay Mahajan, "Consumer Switching Costs: A Typology, Antecedents, and Consequences," *Journal of the Academy of Marketing Science* 31, no. 2 (2003): 109–26.

9. T-Mobile, "How to Switch to T-Mobile," accessed December 8, 2020, https://www.t-mobile.com/resources/how-to-join-us.

10. Minjung Park, "The Economic Impact of Wireless Number Portability," *Journal of Industrial Economics* 59, no. 4 (2011): 714–45.

第二十一章　从猎狮人到狮子拯救者：改写故事

1. "Maasai People," Wikipedia, accessed December 8, 2020, https://en.wikipedia.org/wiki/Maasai_people.

2. "Kenya: Country in Africa," Datacommons.org, accessed February 15, 2022, https://datacommons.org/place/country/KEN?utm_medium=explore&mprop=count&popt=Person&hl=en.

3. Rachel David, "Lion Populations to Halve in Most of Africa in Next 20 Years," *New Scientist*, October 26, 2015, https://www.newscientist.com/article/dn28390-lion-populations-to-halve-in-most-of-africa-in-next-20-years/.

4. Safaritalk, "Wildlife Environment Communities," accessed December 12, 2019, http://safaritalk.net/topic/257-luca-belpietro-the-maasai-wilderness-conservation-trust/.

5. Maasai Wilderness Conservation Trust, "Kenya Wildlife Conservation," accessed December 8, 2020, http://maasaiwilderness.org/.

6. Seamus D. Maclennan, Rosemary J. Groom, David W. Macdonald, and Laurence G. Frank, "Evaluation of a Compensation Scheme to Bring About Pastoralist Tolerance of Lions," *Biological Conservation* 142 (2009): 2419–27; Laurence Frank, Seamus Maclennan, Leela Hazzah, Richard Bonham, and Tom Hill, "Lion Killing in the Amboseli-Tsavo Ecosystem, 2001–2006, and Its Implications for Kenya's Lion Population" (unpublished paper, 2006), http://livingwithlions.org/AnnualReports/2006-Lion-killing-in-Amboseli-Tsavo-ecosystem.pdf.

第二十二章　保险欺诈与道德风险：马赛版

1. "'The Sopranos': Whoever Did This," aired November 10, 2002, IMDb, accessed April 24, 2022, https://www.imdb.com/title/tt0705295/.

2. Maasai Wilderness Conservation Trust, "Predator Protection—Creating Harmony between Wildlife and Community," accessed December 8, 2020, http://maasaiwilderness.org/programs/predator-protection/.

第二十四章　改变女性割礼背后的经济学

1. Kenya National Bureau of Statistics, "Kenya Demographic and Health Survey 2014," Demographic and Health Surveys Program, December 2015, https://dhsprogram.com/pubs/pdf/FR308/FR308.pdf.

2. Sarah Boseley, "FGM: Kenya Acts against Unkindest Cut," *Guardian*, September 8, 2011, https://www.theguardian.com/society/sarah-boseley-global-health/2011/sep/08/women-africa; World Health Organization, "Female Genital Mutilation," February 3, 2020, https://www.who.int/en/news-room/fact-sheets/detail/female-genital-mutilation.

3. World Health Organization, Department of Reproductive Health and Research, and UNAIDS, *Male Circumcision: Global Trends and Determinants of Prevalence, Safety and Acceptability* (Geneva: World Health Organization, 2007).

4. R. Elise B. Johansen, Nafissatou J. Diop, Glenn Laverack, and Els Leye, "What Works and What Does Not: A Discussion of Popular Approaches for the Abandonment of Female Genital Mutilation," *Obstetrics and Gynecology International* 2013 (2013): 348248.

5. Damaris Seleina Parsitau, "How Girls' Education Intersects with Maasai Culture in Kenya," Brookings, July 25, 2017, https://www.brookings.edu/blog/education-plus-development/2017/07/25/how-girls-education-intersects-with-maasai-culture-in-kenya/.

6. Netta Ahituv, "Can Economists Stop Kenya's Maasai from Mutilating Their Girls?," *Haaretz*, March 14, 2016, https://www.haaretz.com/world-news/.premium.MAGAZINE-can-economists-stop-the-maasai-from-mutilating-their-girls-1.5415945.

7. UNICEF, *Changing a Harmful Social Convention: Female Genital Mutilation/Cutting*, technical report (Florence, Italy: UNICEF Innocenti Research Centre, 2005).

第二十五章　锚定与调整不足

1. Amos Tversky and Daniel Kahneman, "Judgment under Uncertainty: Heuristics and Biases," *Science* 185, no. 4157 (1974): 1124–31.

2. J. Edward Russo and Paul J. H. Schoemaker, *Winning Decisions: Getting It Right the First Time* (New York: Currency, 2001).

3. Gregory B. Northcraft and Margaret A. Neale, "Experts, Amateurs, and Real Estate: An Anchoring-and-Adjustment Perspective on Property Pricing Decisions," *Organizational Behavior and Human Decision Process* 39 (1987): 84–97.

第二十七章　价格传递质量信号

1. J. P. Mangalindan, "Peloton CEO: Sales Increased after We Raised Prices to $2,245 per Bike," Yahoo! Finance, June 5, 2019, https://finance.yahoo.com/news/peloton-ceo-says-sales-increased-raised-prices-2245-exercise-bike-132256225.html.

2. See, for example, Eitan Gerstner, "Do Higher Prices Signal Higher Quality?," *Journal of Marketing Research* 22 (1985): 209–15; Joel Huber and John McCann, "The Impact of Inferential Beliefs on Product Evaluations," *Journal of Marketing Research* 19 (1982): 324–33; Akashay R. Rao and Kent B. Monroe, "The Effect of Price, Brand Name, and Store Name

on Buyers' Perceptions of Product Quality: An Integrative Review," *Journal of Marketing Research* 36 (1989): 351–57.

3. Ayelet Gneezy, Uri Gneezy, and Dominique Lauga, "Reference-Dependent Model of the Price-Quality Heuristic," *Journal of Marketing Research* 51, no. 2 (2014): 153–64.

4. Baba Shiv, Ziv Carmon, and Dan Ariely, "Placebo Effects of Marketing Actions: Consumers May Get What They Pay For," *Journal of Marketing Research* 42 (2005): 383–93.

第二十八章　互惠原则

1. Phillip R. Kunz and Michael Woolcott, "Season's Greetings: From My Status to Yours," *Social Science Research* 5 (1976): 269–78.

2. Robert B. Cialdini, *Influence: Science and Practice*, 3rd ed. (New York: HarperCollins, 1993).

3. Stanford GSB Staff, "Margaret Neale: Why You Should Make the First Move in a Negotiation," Stanford Graduate School of Business, September 1, 2007, https://www.gsb.stanford.edu/insights/margaret-neale-why-you-should-make-first-move-negotiation.

结论

1. Sarah Mervosh, "Who Wants to Be a Millionaire? In Ohio, You Just Need Luck, and a Covid Vaccine," *New York Times*, May 26, 2021.

2. Justin Boggs, "White House on Vax-a-Million Drawing: DeWine Has Unlocked a Secret," *Spectrum News 1*, May 25, 2021.

3. A controlled experiment in Sweden found encouraging evidence: a $24 incentive to get vaccinated increased vaccination rates by 4.2 percentage points, from a baseline rate of 71.6 percent. See Pol Campos-Mercade, Armando N. Meier, Florian H. Schneider, Stephan Meier, Devin Pope, and Erik Wengström, "Monetary Incentives Increase COVID-19 Vaccinations," *Science* 374 (2021): 879–82.

4. State of New Jersey, "Governor Murphy Announces New Incentives to Encourage COVID-19 Vaccinations, Including Free Entrance to State Parks and Free Wine at Participating Wineries," press release, May 19, 2021.

5. "Vaccinated Individuals Will Be Able to Get a Free Drink at Certain Restaurants," NBC CT, April 26, 2021, https://www.nbcconnecticut.com/news/coronavirus/vaccinated-individuals-will-be-able-to-get-a-free-drink-at-certain-restaurants/2474928/.

6. Rich Coppola and Samaia Hernandez, "'Drinks on Us': Participating CT Restaurants, Bars Offering Free Drinks with Proof of Vaccination Starting This Week," WTNH, April 26, 2021, https://www.wtnh.com/news/business/participating-ct-restaurants-and-bars-offering-free-drinks-with-proof-of-vaccination/.

7. John Cheang, "Krispy Kreme Offers Free Glazed Donut to Those Who Show Covid Vaccine Card," NBC News, March 22, 2021, https://www.nbcnews.com/news/us-news/krispy-kreme-offers-free-glazed-donut-those-who-show-covid-n1261768.

8. Nicholas Tampio, "A Weakness in the Argument for Vaccine Mandates," *Boston Globe*,

August 25, 2021.

9. Daniel Ackerman, "Before Face Masks, Americans Went to War against Seat Belts," *Business Insider*, May 26, 2020, https://www.businessinsider.in/Before-face-masks-Americans-went-to-war-against-seat-belts/articleshow/76010870.cms.

10. "Covid-19: Biden Tells States to Offer $100 Vaccine Incentive as Cases Rise," BBC News, July 30, 2021, https://www.bbc.com/news/world-us-canada-58020090.

11. Richard H. Thaler and Cass R. Sunstein, *Nudge: The Final Edition* (New Haven, CT: Yale University Press, 2021).

12. "Plastic Shopping Bag," Wikipedia (in Hebrew), https://he.wikipedia.org/wiki/%D7%A9%D7%A7%D7%99%D7%AA_%D7%A7%D7%A0%D7%99%D7%95%D7%AA_%D7%9E%D7%A4%D7%9C%D7%A1%D7%98%D7%99%D7%A7.